ASSOCIATION NATIONALE FRANÇAISE
POUR LA
PROTECTION LÉGALE DES TRAVAILLEURS

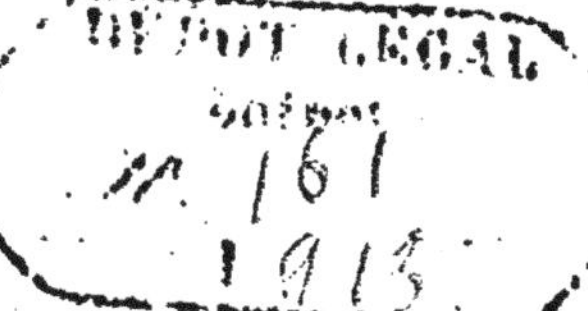


# LA SAISIE-ARRÊT

## des Salaires et Traitements

PAR

## Charles GUERNIER

*Professeur à la Faculté de Droit de Lille, député d'Ille-et-Vilaine*

FÉLIX ALCAN
MARCEL RIVIÈRE
ÉDITEURS

NOUVELLE SÉRIE. N° 2          PRIX : 1 FRANC

# COMITÉ DIRECTEUR DE L'ASSOCIATION

Paul CAUWÈS, doyen de la Faculté de Droit de l'Université de Paris, président honoraire de l'Association.

A. MILLERAND, député, ancien ministre, président.

Ed. BRIAT, secrétaire général de la Chambre consultative des Associations ouvrières de production, membre du Conseil supérieur du travail et de la Commission supérieure du travail dans l'Industrie, vice-président.

A. LIÉBAUT, ingénieur, membre du Comité consultatif des arts et manufactures et de la Commission supérieure du travail dans l'industrie, vice-président.

Raoul JAY, professeur à la Faculté de Droit de l'Université de Paris, membre du Conseil supérieur du travail, secrétaire général.

Léon de SEILHAC, publiciste, délégué permanent du service industriel et ouvrier du *Musée social*, trésorier.

Georges ALFASSA, ingénieur civil, E. C. P.

Louis BARTHOU, député, Président du Conseil des Ministres.

Adéodat BOISSARD, professeur à la Faculté libre de Droit de Paris.

François FAGNOT, enquêteur à l'*Office du travail*.

Arthur FONTAINE, directeur du Travail au Ministère du Travail et de la Prévoyance sociale.

Arthur GROUSSIER, député.

Auguste KEUFER, délégué permanent de la Fédération française du Livre.

Abbé LEMIRE, député.

André LICHTENBERGER, directeur-adjoint du *Musée social*.

Henri LORIN, ancien élève de l'Ecole Polytechnique.

Etienne MARTIN-SAINT-LÉON, bibliothécaire du *Musée social*.

Comte A. de MUN, député.

C. PERREAU, ancien député, professeur à la Faculté de Droit de l'Université de Paris.

Eug. PETIT, docteur en Droit, ancien chef du cabinet du ministre du Commerce.

Paul PIC, professeur à la Faculté de Droit de l'Université de Lyon.

Ivan STROHL, industriel.

Edouard VAILLANT, député.

Richard WADDINGTON, sénateur.

SIÈGE SOCIAL : 5, rue Las-Cases, PARIS, VIIe

ASSOCIATION NATIONALE FRANÇAISE

POUR LA

PROTECTION LÉGALE DES TRAVAILLEURS

# LA SAISIE-ARRÊT

## des Salaires et Traitements

## RAPPORT

DE

## M. Charles GUERNIER

*Professeur à la Faculté de Droit de l'Université de Lille*
*Député d'Ille-et-Vilaine*

### Compte rendu des Discussions

PARIS

LIBRAIRIE FÉLIX ALCAN | MARCEL RIVIÈRE et Cie

MAISONS FÉLIX ALCAN & GUILLAUMIN réunies | LIBRAIRIE des SCIENCES POLITIQUES & SOCIALES

108, BOULEVARD SAINT-GERMAIN, 108 | 31, RUE JACOB, 31

1913

# LA SAISIE-ARRÊT
## des Salaires et Traitements

---

### Assemblée générale du 23 janvier 1913
### Présidence de M. MILLERAND

---

### RAPPORT DE M. Charles GUERNIER
*Professeur à la Faculté de Droit de l'Université de Lille,*
*Député d'Ille-et-Vilaine*

Monsieur le Président, Mesdames, Messieurs,

Un créancier a un débiteur qui ne s'acquitte pas de ses obligations envers lui, et il apprend que ledit débiteur est, à son tour, créancier d'une tierce personne.

Que va-t-il faire ?

Il ira naturellement trouver le débiteur de son propre débiteur et lui dira : « Ne le payez pas, je vous le « défends, car, au moyen de la somme qui lui est due, « j'entends me faire payer. »

Une procédure correspond à cette situation, elle est connue dans notre droit français sous le nom de saisie-arrêt.

On peut imaginer un créancier qui soit plus exigeant à l'égard de son débiteur, qui se défie de sa solvabilité et qui, sachant qu'il est créancier ou va l'être d'une autre personne, prenne des précautions pour que la créance de son débiteur passe dans son propre patrimoine.

Il dira à ce débiteur : « Je veux bien traiter avec vous ; mais vous allez me céder en garantie de votre obligation la créance que vous avez sur telle personne ».

Il existe encore dans notre droit une procédure qui réalise cette exigence, c'est la procédure de cession de créance.

La procédure, d'une manière générale, dans l'un ou l'autre cas, donne lieu à des frais souvent élevés.

Mais combien la situation devient délicate, au point de vue moral, lorsque la créance à céder ou la créance à saisir n'est pas une somme d'argent quelconque, mais le salaire, les appointements du débiteur. Le salaire, les appointements correspondent à l'effort de tous les jours, à la vie même de l'homme, c'est par quoi il pourvoit à sa subsistance et à celle de sa famille.

Convient-il dès lors de permettre — quelque intéressant que soit le créancier — qu'il saisisse d'une façon intégrale le salaire dû à son débiteur ou qu'il se le fasse céder tout entier ?

Pendant longtemps, le droit du créancier — à part les cas énumérés dans des lois spéciales — ne connut pas de limitation. Certes, la jurisprudence y avait apporté des tempéraments, et peu à peu elle était arrivée, par la notion du caractère alimentaire du salaire et de l'appointement, à restreindre l'exercice des droits du créancier. Mais le débiteur était toujours à la merci d'un revirement de jurisprudence. Ce n'est que par la loi du 12 janvier 1895 qu'ont été posés les principes du droit nouveau.

La loi du 12 janvier 1895 existe encore aujourd'hui, mais elle ne peut plus s'énoncer sous la forme qu'elle avait à cette date, car elle a été incorporée dans le Code du travail. Pour la retrouver, il faut se reporter au livre premier du Code du travail et de la prévoyance sociale, articles 57 et suivants, auxquels on ajoutera les articles 46 et 47 du même Code. La loi du 12 janvier 1895 régissait la saisie-arrêt et la cession des salaires, en même temps que les retenues qui peuvent être faites par le patron sur le salaire de son ouvrier.

Les deux articles qui se réfèrent aux retenues patronales n'ont pas été incorporés dans la section particulière de la saisie-arrêt et de la cession. Ils ont été reportés un peu plus haut dans le Code, sous les numéros 46 et 47.

La loi du 12 janvier 1895 a donné lieu, peu de temps après son apparition, à des difficultés assez grandes, parce qu'on se trouvait en présence, non seulement de débiteurs et de créanciers, mais aussi d'auxiliaires de justice, huissiers, greffiers, qui, par la force des choses, ayant à leur disposition un moyen de gain, cherchèrent à en tirer un profit qui dépassait la mesure. Quoi qu'il en soit, la loi de 1895 a produit d'assez bons résultats. Elle en a produit également de mauvais, en exposant ceux-là mêmes qu'elle protégeait à subir encore — et quelles qu'aient été les réformes pratiques -- de très lourdes charges au point de vue des frais de justice.

Les grandes lignes de la loi de 1895 se ramènent à quelques idées simples. Avant elle, en dehors de quelques cas spéciaux, aucune limitation pour la saisie-arrêt et pour la cession ; depuis elle, il existe des catégories de citoyens qui, à raison de leur salaire ou de leurs appointements, peuvent se trouver dans une situation — vous excuserez le mot, mais il est assez exact — dans une situation privilégiée.

La loi de 1895 distingue entre : d'une part, les salaires des ouvriers et gens de service, d'autre part, les appointements et traitements.

Les salaires des ouvriers et gens de service ne sont saisissables et cessibles que jusqu'à concurrence d'un dixième, quel que soit le montant du salaire par eux touché.

Ainsi un ouvrier d'art gagnant un gros salaire bénéficie indéfiniment de la réduction au dixième.

Au contraire, s'il s'agit d'employés, de fonctionnaires, le bénéfice de la réduction au dixième n'est acquis qu'à la condition que le traitement de ces employés ou fonctionnaires soit inférieur à 2,000 francs.

Voilà, par conséquent, une catégorie de personnes qui se trouvent en dehors du droit commun pour la raison que j'ai énoncée tout à l'heure et qui faisait tout le fond de l'ancienne jurisprudence : le caractère alimentaire du salaire lui-même et des appointements.

Quant à la procédure, elle est, dans le droit commun, assez compliquée.

C'est d'abord la défense qui est faite par huissier au débiteur du débiteur de se libérer aux mains de celui-ci, *opposition* ; c'est ensuite l'information que l'on donne au débiteur que sa créance a été saisie, *dénonciation* ; c'est enfin l'information donnée au tiers saisi que la dénonciation a été faite, *contre-dénonciation*, actes auxquels il faut ajouter les assignations devant justice pour faire valider l'opposition et amener le tiers saisi à déclarer le montant de sa propre dette.

Quand peut-on mettre ainsi en mouvement cette procédure ? Il y a deux cas, suivant que le créancier qui veut pratiquer la saisie-arrêt a ou n'a pas un titre, c'est-à-dire détient ou non une pièce de laquelle il résulte que le débiteur s'est bien obligé envers lui. Si le créancier a un titre, il n'est pas nécessaire qu'il se fasse autoriser par le juge, il peut tout de suite, à condition de signifier ce titre en tête de l'exploit de saisie-arrêt, pratiquer la saisie-arrêt. Si, au contraire, il n'a pas de titre, il présente requête au président du tribunal, afin d'être autorisé à saisir-arrêter.

Autrefois, la saisie-arrêt immobilisait toute la créance entre la créance entre les mains du tiers saisi. Il faut bien le dire, ce n'était souvent qu'un procédé d'intimidation employé contre le débiteur, parfois même un chantage.

Une loi, votée en 1907, a permis de limiter les effets de la saisie-arrêt. Aujourd'hui, un débiteur peut obtenir que les fonds saisis-arrêtés soient, jusqu'à concurrence de la créance du saisissant, déposés avec affectation spéciale à la Caisse des dépôts et consignations. Il touchera alors le surplus.

La procédure instituée par la loi de 1895 a simplifié, dans une très large mesure, la procédure de droit commun. Tout se passe en justice de paix où la procédure se ramène à des lettres recommandées, envoyées par le greffier et tenant lieu des exploits signifiés par les huissiers.

Y a-t-il plusieurs créanciers saisissants ? Une seule saisie-arrêt est autorisée. Les autres créanciers qui se présentent et prétendent à leur tour se faire payer, eux aussi, sur la somme qui est due, sont tenus de faire inscrire leur créance à la suite de la première, sur un registre *ad hoc* tenu par le greffier.

Deux années à peine s'étaient écoulées depuis la promulgation de la loi de 1895, que le Parlement était déjà saisi de propositions en vue de la modifier. La première proposition est en date du 25 novembre 1897. Elle est due à l'initiative de M. Basly. Elle fut suivie d'autres propositions de M. Plichon, de M. Odilon Barrot ; un texte voté par la Chambre fut transmis au Sénat où, sous l'influence du rapporteur, M. Chauvet, il fut complètement remanié par la Commission chargée de l'étudier. M. Chauvet obtint de la Commission que le texte proposé aux délibérations de la Haute-Assemblée porterait que tous les traitements et salaires inférieurs à 2,000 francs seraient incessibles et insaisissables.

C'était une solution beaucoup plus catégorique que celle contenue dans la loi de 1895. La discussion fut très vive en séance publique. Malgré le rapport de M. Chauvet, le texte de la Commission ne fut pas approuvé par le Sénat qui lui substitua un contre-projet de M. Savary, rétablissant le principe de la loi de 1895, en le modifiant sur des détails. Le contre-projet, renvoyé à la Commission, fut à son tour rapporté par M. Savary. Son texte fut ensuite voté par le Sénat. A l'heure actuelle, la Chambre des députés est saisie de ce texte. Il modifie, comme je viens de le dire, une loi qui n'existe plus sous ses rubriques originelles. C'est pourquoi, dans le travail qu'il y aura lieu de faire pour établir la comparaison avec les projets en préparation, il est indispensable que l'on présente dans un synoptique le Code du travail avec sa numérotation, le texte de la proposition du Sénat avec la sienne, les propositions nouvelles de la Chambre avec la leur. Sans compter qu'il serait bon d'y joindre encore la loi de 1895 qui comporte une quatrième numérotation.

Je vous ferai grâce des détails techniques, je ferai seulement ressortir devant vous quelques-unes des caractéristiques de la loi de 1895 et du projet du Sénat, en insistant surtout sur les modifications que la Commission du Travail de la Chambre des députés a cru devoir apporter au texte sénatorial.

Il s'est produit à un certain moment, au sein de la Chambre des députés, un courant d'opinion tendant à accepter purement et simplement le texte du Sénat. Dans la précédente législature, un rapport avait même conclu à cet objet. La Commission du Travail est revenue sur cette décision et elle a bien voulu introduire, à la demande d'un certain nombre de mes collègues et à la mienne, des modifications sur lesquelles j'appellerai tout à l'heure votre attention.

Les inconvénients de la loi de 1895 étaient de deux sortes : d'abord l'exagération des frais de procédure. Alors que le législateur s'était proposé de réduire les saisies-arrêts, de diminuer leur procédure onéreuse pour les gens qui peinent et qui travaillent, la loi aboutit à ce résultat que le coût de la procédure s'élève encore dans des proportions importantes. Quelques chiffres empruntés à l'enquête administrative sur la saisie-arrêt : pour des dettes inférieures à 20 francs, une manufacture d'allumettes paie 608 %.

Voici maintenant des cas particuliers :

Saisie de 3 francs par une maison de crédit, frais 7 fr. 35, soit 245 %.

Saisie de 3 francs, frais 4 fr. 70, soit 157 %.

Saisie de 39 fr. 80, frais 44 fr. 85, soit 110 %.

Conséquence : ou bien l'ouvrier n'arrive jamais à se libérer, ou bien il quitte son domicile, abandonne son patron et va s'établir ailleurs pour échapper aux conséquences de la saisie-arrêt.

D'autre part, les formes de la procédure qui avaient été instituées par la loi de 1895 et qui se ramenaient à des opérations très simples, comme l'expédition de lettres recommandées ont donné lieu à de nombreux mécomptes. Très souvent, les lettres recommandées n'arrivaient pas parce que la femme de l'ouvrier refusait de les recevoir, parce qu'il n'y avait personne au logis, parce qu'aussi, dans les centres ouvriers, il est très difficile d'identifier un individu. Il paraît simple d'envoyer, dans telle commune, une lettre à « M. un tel » ; malheureusement la lettre ne parvient pas toujours au destinataire parce qu'il y a beaucoup de personnes qui portent le même nom dans le même village. Je pourrais citer dans ma circonscription l'exemple d'une commune très petite où, dans le même village, trois de mes électeurs portent le même nom et les mêmes prénoms. Nous ne pouvons les distinguer entre eux que par les noms de leur femme. Dans une autre commune, il m'est arrivé d'obtenir un congé de moisson au profit d'un militaire et ce fut un de ses cousins qui en bénéficia parce que tous les deux portaient le même nom, le même prénom et qu'ils habitaient le même village.

Maintenant que j'ai indiqué les grandes lignes du sujet, je voudrais vous présenter plus en détail les réformes proposées par la Commission du Travail de la Chambre des députés. Nous aurions voulu aller plus loin dans la voie des amendements, peut-être — je sais que c'est le sentiment d'un grand nombre de mes collègues — serions-nous allés jusqu'à consacrer l'insaisissabilité et l'incessibilité des petits salaires et des petits traitements; nous n'avions pas le droit d'oublier que nous n'étions pas en présence d'une proposition d'initiative privée, mais bien d'un texte déjà voté par le Sénat ; que voilà des années que la question est en discussion et que, à vouloir faire trop de bien, nous étions exposés à ne rien faire du tout. Il a fallu choisir un texte transactionnel, conserver autant que faire se pouvait celui du Sénat et se contenter de l'amender sur certains points.

Les simplifications de la procédure, les réductions de tarifs ont ému naturellement huissiers et greffiers. La Commission a pensé que les procédures étaient instituées pour sauvegarder les droits des plaideurs et provoquer les manifestations de la vérité ; non pour procurer des profits aux auxiliaires de justice dont le concours au surplus, est rémunéré équitablement.

Enfin, toute une catégorie sociale a essayé d'intervenir dans le débat, parce qu'elle se sentait menacée ; la catégorie des vendeurs à tempérament. J'en reparlerai tout à l'heure en discutant le problème de la cession ; mais recherchons d'abord quels seront à l'avenir les bénéficiaires de la loi.

Vous avez vu que, sous l'empire de la loi de 1895, on faisait une distinction entre, d'une part, les ouvriers et gens de service, et, d'autre part, les employés, commis et fonctionnaires. Nous avons pensé, à la Commission du Travail, qu'il n'y avait pas lieu de distinguer entre ceux qui vivent du produit de leur travail. Le travail est sacré, que ce soit le travail de l'esprit ou celui des mains. Sa rémunération doit, elle-même, être sacrée afin de procurer à celui qui la reçoit le moyen de garder sa condition et le train de vie pour lui et pour les siens. Nous n'avons pas voulu que désormais subsistât entre tous ceux qui travaillent une distinction qui, à première vue, paraît très simple, très facile à faire, mais est dans la pratique souvent fort difficile. Au Tribunal de la Seine il n'y a pas de semaine où il ne se présente une espèce pour laquelle il est parfois impossible de trouver une différenciation très nette entre gens de service et employé par exemple. Les controverses de jurisprudence disparaîtront désormais parce que tous ceux qui reçoivent la rémunération de leurs efforts, que ce soit un traitement, que ce soit un salaire, que ce soient des appointements, bénéficieront également de la loi.

Il ne faut pas assurément que ces salaires, ces traitements, ces appointements soient indéfiniment soustraits aux saisies-arrêts du créancier. On irait ainsi à l'encontre des intérêts de ceux que l'on veut protéger. C'est pourquoi nous avons pensé qu'en même temps que le texte unifiait tous les bénéficiaires de la loi, il y avait lieu de graduer les portions saisissables en raison de l'importance des salaires et traitements. Pour le faire, nous nous sommes inspirés des lois qui régissent les fonctionnaires en cette matière.

Les fonctionnaires bénéficient en matière de saisie-arrêt d'une législation spéciale que la loi de 1895 a modifiée au profit de ceux qui ont un traitement inférieur à 2.000 francs ; mais le législateur de 1895 ayant oublié de mettre les deux législations en harmonie, il est arrivé que quand un fonctionnaire voyait son traitement augmenter, qu'il passait d'un traitement inférieur à 2.000 francs à un traitement supérieur à cette somme, il touchait moins en définitive malgré l'augmentation de salaire que lorsqu'il était au traitement inférieur.

Dans le texte que nous proposerons aux délibérations de la Chambre, cette anomalie ne se retrouvera plus. Nous appliquons à l'ensemble des saisies-arrêts un système de graduation analogue à celui de la loi de l'an XI sur la saisie-arrêt des traitements des fonctionnaires :

*Les salaires des ouvriers et gens de services, les appointements ou traitements des employés ou commis et des fonctionnaires ne seront saisissables que jusquà concurrence du dixième s'ils ne dépassent pas 3,000 francs par an.*

Ici, encore une réforme : ce n'est plus le chiffre de 2.000 francs que nous avons pris comme première limite c'est celui de 3 000

La Commission du Travail a cru devoir prendre le chiffre de 3.000 francs parce que, depuis 1895, les charges de la vie se sont aggravées dans une proportion assez grande. Il y a controverse entre les économistes pour savoir dans quelle proportion ; nous sommes obligés de ne pas laisser de côté les indications des économistes, mais nous ne pouvons pas les incorporer d'une façon trop étroite.

Le chiffre de 2.000 francs, en 1895, correspondait à une situation et à des moyens d'existence différents de ce qu'ils seraient aujourd'hui. Voilà le fait certain ; par conséquent, il faut remonter ce chiffre. De combien ? Nous avons estimé qu'il fallait l'élever jusqu'à 3.000 francs. Pourquoi avons-nous pris ce chiffre de 3.000 ? C'est parce que nous le retrouvons également dans la législation sur les retraites, comme limite de la retraite obligatoire qui est en somme corrélative du salaire strictement alimentaire. Nous avons pensé qu'il était bon de mettre les textes en harmonie en prenant une même base pour les mêmes considérations sociales.

« *Si ces salaires, ces appointements, ces traitements dé-* « *passent 3,000 francs, ils ne seront saisissables que jus-* « *qu'à concurrence du cinquième sur la portion comprise* « *entre 3,000 et 5,000, du quart sur la portion comprise* « *entre 5,000 et 8,000, du tiers sur la portion supérieure* « *à 8,000, etc.* »

Vous voyez donc que la limitation à la saisie s'éteint à mesure que le salaire augmente, mais sans qu'il y ait un chiffre niveleur à un moment donné ; de sorte que, pour déterminer la part saisissable d'un salaire, il faut le diviser en tranches, sur le modèle de la loi, et liquider séparément pour chaque tranche la part saisissable.

La Commission du Travail avait pensé d'abord qu'on pourrait continuer ainsi progressivement et indéfiniment. Après en avoir conféré avec M. le Ministre du Travail, elle s'est arrêtée, en ce qui concerne les traitements supérieurs à 10,000 francs, à la formule que voici :

« *S'ils dépassent 10,000 francs, l'ordonnance qui au-* « *torisera la saisie déterminera provisoirement la portion* « *qu'il conviendra de réserver au débiteur à titre alimen-* « *taire, eu égard à sa position et à ses ressources.* »

Si donc on se trouve en présence de fonctionnaires,

d'ouvriers qui ont des traitements supérieurs à 10,000 francs, il n'y a plus de proportion déterminée par la loi : on s'en remet à la décision du juge pour fixer la quotité à saisir pour la portion supérieure à 10,000 francs.

Voilà, Messieurs, en ce qui concerne les personnes, les conditions qu'elles doivent remplir pour bénéficier de la loi.

Quant à la procédure instituée dans la loi, elle a un champ d'application beaucoup moins étendu que celui de l'insaisissabilité et il importe de noter ce principe essentiel : la procédure de saisie-arrêt simplifiée, que j'aurai à exposer tout à l'heure, ne profite qu'à ceux qui ont un traitement inférieur à 3,000 francs. Ceux qui ont un traitement supérieur pourront se prévaloir de la portion réservée pour limiter les effets de la saisie-arrêt, mais ils devront procéder suivant les formes du droit commun.

En ce qui concerne la cession des traitements et salaires, vous avez vu que la Commission du Sénat avait tout d'abord adopté une solution logique et complète : plus de cession, plus de saisie des petits salaires; vous avez vu aussi que le Sénat l'avait, en définitive, rejetée. La Commission du Travail de la Chambre a admis un système transactionnel. Elle a maintenu la saisie-arrêt et elle a, au contraire, rejeté la cession. Les traitements, les salaires, les appointements inférieurs à 3,000 francs ne pourront plus être cédés, alors que sous la loi de 1895, ils pouvaient être cédés jusqu'à concurrence du dixième.

Par quelle considération est-elle arrivée à consacrer une règle aussi catégorique? Ce n'a pas été sans difficulté, car il n'est pas douteux que des deux côtés de la barre on peut plaider. Ceux qui sont partisans de la liberté de la cession disent : « Si vous ne permettez pas à un petit « ouvrier de céder une portion de son salaire, vous le

« privez de crédit et il ne pourra pas — ce qui se fait
« assez couramment aujourd'hui — il ne pourra pas
« meubler le modeste appartement dans lequel il veut
« s'établir, il lui sera impossible d'avoir un chez soi,
« vous aboutirez ainsi à une solution lamentable ».

A quoi l'on répond : « Faites attention, quels sont
« les bénéficiaires de ces cessions? C'est le cabaretier,
« qui, sous couleur de fourniture de produits alimen-
« taires, très souvent incite l'ouvrier à des dépenses exa-
« gérées, ce sont des maisons de vente à crédit, des mai-
« sons de spéculation qui font crédit, mais qui le font
« payer très cher. Si bien que, le jour où l'ouvrier est
« arrivé à se libérer de son obligation, l'objet qu'il a
« acheté est devenu inutilisable ».

Il y a une autre considération et je m'excuse auprès de
vous de faire valoir une considération d'ordre purement
juridique. Je me permets cependant de la rappeler, parce
que c'est par elle que j'ai obtenu le consentement de la
Commission du Travail.

Comment procèdent les maisons de vente à crédit?
C'était là un point qu'il était indispensable d'éclaircir.
J'ai eu la bonne fortune de trouver la réponse non en la
demandant à des tiers, mais en lisant simplement les
protestations des maisons de vente à tempérament. Ces
maisons nous ont saisis de nombreuses lettres et, dans
ces lettres, elles nous expliquaient comment elles procèdent.

Voici le processus. L'ouvrier obtient, par exemple,
qu'on lui vende à tempérament un petit mobilier. Souvent, il achète des objets qui ne sont pas de première
nécessité, même pas de ce petit luxe modeste qui relève
la maison de l'ouvrier : ce sont des futilités. Mettons les
choses au mieux. Supposons que nous soyons en face
d'un ouvrier qui a acheté des meubles vraiment pra-

tiques. On lui fait souscrire la cession de la créance. Quand est-ce — et voilà le côté intéressant au point de vue juridique — que le cessionnaire de la créance va notifier la cession au patron de l'ouvrier? Est-ce tout de suite, comme le font d'ordinaire ceux qui achètent des créances? Non. Si nous reprenons les lettres qui nous ont été adressées, on nous déclare que la maison de vente à tempérament garde d'abord la cession secrète, parce que, à côté de la cession, elle s'est fait souscrire des billets ou accepter des traites par l'ouvrier. Si les effets sont payés régulièrement à l'échéance, la cession reste inconnue. Si, au contraire, les billets ne sont pas payés, aussitôt le créancier pratique une saisie-arrêt et en même temps signifie la cession.

Quelle sera alors la conséquence? Au moment où l'on répartira les sommes distraites du salaire de l'ouvrier, les créanciers se diviseront en deux groupes : la masse des créanciers, qui viendront au marc le franc et toucheront une somme infime. En face d'eux, un autre créancier, le cessionnaire, qui prendra à lui tout seul, en vertu de la cession, un autre dixième du salaire.

Conséquemment, on aboutit à ce résultat que, en définitive, certains créanciers, corrigeant par la cession du dixième la limitation de la saisie, se constituent pratiquement à leur profit un privilège indirect. Or les privilèges ne peuvent être créés que par la loi; ils ne peuvent jamais l'être par convention.

Cette argumentation, jointe aux considérations d'ordre moral dont j'ai parlé tout à l'heure, a convaincu la Commission du Travail de la Chambre, c'est pourquoi elle propose de déclarer incessibles les traitements et salaires qui ne dépassent pas annuellement 3,000 francs. Toutes les explications que je présenterai désormais se référeront donc exclusivement à la saisie-arrêt.

La loi de 1895 inaugure la saisie-arrêt de deux manières, suivant que le créancier saisissant est ou non porteur d'un titre. S'il a titre, il peut, *de plano*, à la seule condition de faire viser son titre par le greffier de la justice de paix du domicile du débiteur saisi, pratiquer la saisie-arrêt ; s'il n'a pas de titre, il doit se faire autoriser par le juge à saisir-arrêter. Toutefois, avant d'accorder l'autorisation, le juge de paix peut, si les parties n'ont déjà été appelées en conciliation, convoquer devant lui, par simple avertissement, le créancier et le débiteur et les inciter à se concilier.

Le texte voté par le Sénat et adopté par la Commission de la Chambre des députés impose, en toute hypothèse, qu'il y ait titre ou non, la tentative de conciliation devant le juge de paix de la résidence du débiteur saisi.

On remarquera que le juge de paix compétent n'est plus celui du domicile, question de droit toujours difficile à apprécier, mais celui de la résidence dont la détermination est une simple question de fait.

Comment les parties sont-elles informées de la procédure qui va être dirigée contre le débiteur saisi ? Comment sont-elles invitées à venir devant la justice ?

Le projet du Sénat généralise la lettre du greffier.

Vous venez de voir le peu de sécurité qu'elle offre pour la remise aux particuliers des pièces qui les intéressent. Elle ne se justifie que par son bon marché ; mais supposons qu'elle manque son but, qu'elle ne parvienne point au destinataire, n'y a-t-il pas un moment où il conviendra de recourir à une procédure plus complète pour toucher les parties ?

La Commission du Travail de la Chambre s'est grandement préoccupée de parer à cet inconvénient. Elle s'est demandé s'il n'était pas possible de recourir à un certain moment à la procédure authentique du droit commun, étant donné que le projet exempte les procédures relatives à la saisie-arrêt des droits de timbre et d'enregistrement. Le principe admis, il fallait encore déterminer le moment où il était le plus expédient d'user de cette procédure.

La Commission du Travail a été ainsi amenée à faire le raisonnement suivant :

La lettre recommandée a été envoyée comme le prescrit le projet sénatorial. Si les parties se présentent, aucune difficulté, puisque la lettre a atteint son but. Si, au contraire, le saisi ne se présente pas, c'est peut-être parce que la lettre recommandée ne l'a pas touché. Une seconde lettre recommandée n'aurait vraisemblablement pas plus de succès. Alors il faut suppléer à l'insuffisance de la lettre recommandée ; c'est à ce moment que l'exploit d'huissier semble nécessaire. Il n'est donc jamais obligatoire en principe ; on ne doit y recourir que lorsqu'il est établi par le défaut du saisi que la lettre recommandée n'a pas produit son effet. L'exploit d'huissier a pour objet de citer les parties en conciliation.

La procédure se déroule ensuite, dans le projet de la Commission de la Chambre, suivant les formes prévues par le projet du Sénat, sous réserve des modifications que je vais exposer et qui répondent à la double préoccupation, soit de rendre la procédure moins onéreuse pour le saisi ou le tiers saisi, soit d'inciter le saisi à se libérer afin de recouvrer plus rapidement son crédit et la considération de son patron ou des administrations au service desquelles il se trouve.

La première modification est relative à la détention des sommes dues par le tiers saisi. Dans le droit commun, l'effet de la saisie est d'immobiliser les fonds entre les mains du tiers saisi. En ce qui concerne les salaires et traitements, le projet du Sénat met le tiers saisi dans l'obligation de remettre, à des époques déterminées, au greffier de la justice de paix chargé de la procédure, le montant des sommes retenues. Cette exigence nouvelle, instituée par le projet, répond à cette idée que l'on ne se trouve pas en présence d'une créance ordinaire, définie, dont le caractère juridique est déterminé, qui ne peut s'accroître le plus souvent que par des intérêts. Il s'agit de salaires qui, libres jusqu'au jour de la saisie, ne s'immobilisent qu'à partir de ce moment, de sorte que si l'on voulait faire jouer la saisie à l'instant où elle commence, son émolument serait nul. Elle ne vaut que par le fait que le salarié continue de travailler et reste au service du tiers saisi. C'est pourquoi il a paru utile de liquider tous les trois mois les sommes retenues, et le Sénat, dans l'article 10 de son projet, a ordonné que « *dans les*

« *15 jours qui suivent chaque trimestre, à partir de l'avis*
« *prévu par le 4ᵉ paragraphe de l'article 6 (avis par*
« *lequel le greffier informe le tiers saisi qu'une saisie a été*
« *pratiquée sur le débiteur) ou dans les 15 jours qui*
« *suivent l'époque où les retenues cessent d'être opérées et*
« *les délais de recours étant expirés, le tiers saisi verse au*
« *greffe, entre les mains du greffier chargé de la procé-*
« *dure, le montant des sommes retenues ; il est valablement*
« *libéré sur la seule quittance du greffier.* »

Ainsi, tous les trois mois ou en cas de départ de l'ouvrier, versement des fonds entre les mains du greffier. C'est là une procédure pratique qui permet de régler à époques fixes les rapports entre les patrons et l'ouvrier, qui évite à celui-ci et à ses créanciers de courir indéfiniment les risques de l'entreprise patronale, de savoir enfin ce que les créanciers pourront effectivement toucher.

Cette procédure n'a pas été sans soulever les protestations d'un certain nombre de patrons Ils ont fait valoir le désagrément d'aller tous les trois mois au chef-lieu de canton porter au greffier les sommes retenues. Pour les maisons importantes occupant un grand nombre d'ouvriers, dont parfois, comme cela se voit dans les mines du Nord, plusieurs centaines sont saisis-arrêtés à des dates naturellement différentes, c'est pratiquement l'obligation d'envoyer chaque jour un employé faire un versement au greffe ; pour le petit patron, dont l'établissement est situé quelquefois à plusieurs kilomètres du chef-lieu de canton, dans les pays encore mal pourvus de moyens de circulation, c'est la perte d'une demi-journée, voire même d'une journée de travail, juste au moment peut-être où la production est le plus intense.

Cette charge n'aurait-elle pas sa répercussion sur l'ouvrier, le patron ne serait-il pas incité à se priver d'un collaborateur qui lui cause des dérangements aussi onéreux ? de sorte qu'en voulant protéger l'ouvrier, le législateur arriverait à le priver indirectement de son gain.

La Commission du Travail de la Chambre des députés a répondu à cette objection par un expédient qui a semblé pratique. Le tiers saisi a la faculté, aux termes de l'amendement introduit, de remettre au greffier le montant des sommes retenues en se servant de l'administration des Postes. Cette administration concourt largement, comme on l'a vu, à la procédure ; il était donc logique qu'on lui attribuât une fonction de plus, empruntée d'ailleurs à ses attributions ordinaires. C'est dans cet esprit qu'a été rédigé l'article suivant :

« *Le tiers saisi a la faculté de remettre au greffier le* « *montant des sommes retenues par l'intermédiaire de* « *l'administration des Postes et Télégraphes au moyen* « *d'un mandat-carte accompagné d'une demande d'avis de* « *réception. L'avis de paiement délivré par l'administration*

« *des Postes au tiers saisi vaut comme la quittance du*
« *greffier.* »

L'argent remis au greffier doit être ultérieurement
réparti entre le créancier saisissant et les autres créanciers intervenants.

Cette répartition est la phase de la procédure qui a
soulevé le plus de critiques. Le Sénat a mis obstacle à la
plupart des abus par des limitations que la Commission
du Travail de la Chambre a adoptées ; mais elle est allée
plus loin encore que le Sénat en ajoutant aux limitations
un remaniement des tarifs qui diminue, proportionnellement au nombre des créanciers, la base des émoluments
des greffiers.

Quand on se reporte aux états de procédure, on
remarque que les plus gros frais sont occasionnés par
les répartitions. Le tarif, dans le projet du Sénat, est de
2 francs par attribution à chaque créancier et pour
chaque répartition. Nous avons vu des débiteurs saisis à
la fois par 25 ou 30 créanciers. Rien que pour chaque
distribution de dividende, les frais du greffier sont donc
de 50 ou 60 francs. Or, sous l'empire de la loi de 1895,
les greffiers avaient la faculté de faire des répartitions en
nombre indéfini et c'est ainsi qu'on faisait payer à l'ouvrier, pour une faible dette, 300, 400, 500 pour cent de
frais ; souvent la somme à distribuer était absorbée par
la procédure de distribution elle-même ; on a même vu
des distributions qui, loin de libérer le débiteur, aug-
mentaient encore son obligation.

Le Sénat a mis un frein à ces distributions abusives ;
la répartition ne peut se faire qu'à deux conditions ; il faut :

1° Que la somme à répartir soit au moins égale à 35 % du
montant total des dettes pour lesquelles il y a opposition ;

2° Que la somme à répartir ne soit pas inférieure à
100 francs.

Par conséquent, dans ces conditions il y aura pratiquement trois répartitions au maximum, sauf si le saisi change de résidence.

La Commission de la Chambre a ajouté encore au texte du Sénat. L'article 17 du projet du Sénat, qui correspond à l'article 69 du Code du travail, prévoit que, pour chaque attribution de dividende, les greffiers recevront un salaire de 2 francs. Ce sont ces deux francs que j'ai incriminés tout à l'heure. Multipliés par le nombre de créances, quel que soit le montant de chacune d'elles, ils constituent au total une charge très lourde pour le débiteur, charge qui devient écrasante par le nombre des répartitions, même si ce nombre est réduit à trois ; aussi, d'accord avec le Ministère de la Justice, la Commission a fixé le salaire du greffier de la manière suivante :

*« Pour chaque répartition de dividendes, s'il y a un « créancier, le greffier touchera un franc ; s'il y a deux « créanciers, deux francs ; trois créanciers, trois francs ; « quatre créanciers ou plus, quatre francs. »*

Il me reste à vous faire connaître une modification ou plutôt une innovation apportée au texte du Sénat. Cette innovation a trait à une situation qui n'a pas de précédent direct dans notre législation, mais qui présente une analogie assez marquée avec le concordat judiciaire accordé au failli ou au liquidé judiciaire. Voici l'hypothèse qu'a imaginée la Commission du Travail.

Le traitement ou le salaire d'un débiteur a été l'objet d'une saisie-arrêt. On a déjà distribué un premier dividende, soit 35 %. Depuis la première distribution jusqu'à la seconde il n'a été pas été formé de nouvelles interventions. C'est dire que vraisemblablement le saisi a réduit ses dépenses à son gain limité pour s'affranchir le plus tôt possible des oppositions.

Un deuxième dividende de 35 °/₀ est distribué. Est-ce qu'il n'y a alors rien à faire pour hâter le relèvement social du débiteur que la saisie a constitué en état d'infériorité par rapport à ses collègues, s'il est fonctionnaire, devant ses chefs, s'il est employé ou ouvrier, devant son patron, à qui, par le fait de la saisie, il impose des dérangements et des écritures?

La Commission du Travail ne l'a pas pensé. C'est pourquoi elle a imaginé qu'au moment où une seconde répartition serait effectuée, à condition qu'il n'ait pas été formé de nouvelles interventions entre la première et la seconde' répartition, le juge de paix s'adresserait aux créanciers saisissants et les inciterait à donner mainlevée de leur opposition. Naturellement, nonobstant cette mainlevée, les créanciers conserveraient leurs droits intacts.

L'innovation importante consiste en ce que la mainlevée pourra être obtenue malgré la résistance de quelques créanciers; en d'autres termes, une majorité de créanciers pourra imposer à une minorité la mainlevée de leur propre saisie. Quelle majorité? La Commission a exigé la majorité en nombre et la majorité en sommes, telles qu'elles se trouvent définies dans le Code de commerce pour le concordat judiciaire.

Il fallait, bien entendu, se mettre en garde contre des créanciers fictifs. Il fallait, d'autre part, ne pas priver les créanciers qui avaient donné mainlevée du droit de se faire réinscrire si de nouvelles saisies-arrêts étaient formées. Tout cela est prévu dans le texte. C'est ainsi que la Commission du Travail a introduit une idée d'humanité, de relèvement, dans une procédure que, plus libre dans ses décisions, elle aurait simplement abolie comme l'ont fait déjà quelques grandes nations.

Voilà, Mesdames et Messieurs, les lignes très générales

du projet. J'ai passé volontairement sur certains détails de procédure ; j'ai voulu simplement vous donner une impression d'ensemble. Si j'ai réussi à vous faire comprendre le travail de la Commission, j'aurai atteint le but que l'Association pour la protection légale des travailleurs a bien voulu m'assigner.

# DISCUSSION

M. Liébaut. — Combien coûtera la saisie-arrêt ?

M. Guernier. — J'ai fait tous les calculs, je les publierai à la fin de mon rapport.

M. Liébaut. — Ce sera-t-il raisonnable ?

M. Guernier. — Si vous avez une procédure simple, cela ne reviendra pas cher. Si vous avez des incidents de procédure, des défauts, des oppositions, des appels, si vous avez des tiers intervenants, cela ira plus loin.

Prenons le cas courant. D'une part, on est dispensé des frais d'enregistrement; d'autre part il n'y a que des salaires très étroitement définis par la loi et le greffier ne peut pas, sous peine de forfaiture, demander plus qu'il n'est prévu. On a fait ce qui pouvait être humainement fait. Le fond de ma pensée était d'aller plus loin, mais, comme je vous l'ai dit, en voulant faire trop, nous risquions de ne rien faire. Nous aurions pu voter les plus beaux textes du monde, nous n'aurions pas abouti. Ce que nous voulons, c'est que le Sénat nous concède les quelques modifications que nous avons apportées à son texte.

M. le Président. — Vous avez entendu le très intéressant et très lucide rapport de M. Guernier. Il permettra à l'ancien président de la Commission du Travail, qui a suivi de près, pendant de longues séances, dans la législature dernière, l'étude par la Commission de cette question, de le féliciter très sincèrement des innovations heureuses et très simples qu'il a trouvées sur plusieurs des points les plus intéressants d'une question en elle-même fort complexe.

J'aurais cependant une remarque à faire au sujet de l'exposé que nous venons d'entendre.

A un moment donné, M. Guernier nous a fait connaître que les deux paragraphes de l'article premier de la loi de 1895 — je prends l'ancienne indication qui est plus simple — seraient fondus en un seul et que, dorénavant, employés, fonctionnaires, ouvriers seraient mis sur le même pied. Je trouve cela, pour ma part, tout à fait juste et logique, mais il y a un point qui me paraît moins juste, c'est celui-ci.

Je comprends très bien, ce qui est d'ailleurs l'essence même de la loi de 1895 et l'idée capitale qui inspire la législation nouvelle, qu'on fasse aux petits salaires et aux petits traitements une situation privilégiée. Mais il y a quelque chose que je ne comprends pas, peut-être parce que je n'aperçois pas toutes les données du pro-blème, c'est ceci : non seulement le projet, si j'ai bien compris, fait aux petits salaires et aux petits traitements, pour tout ouvrier, tout employé et tout fonctionnaire, une situation privilégiée, pour employer le terme juri-dique, tout à fait justifié à mon sens; mais encore le projet déclare que, même pour des traitements qui ne sont plus des petits traitements, il y a encore une portion qui est intangible, qui ne peut pas être saisissable.

J'avoue que je ne comprends pas bien ; vous faites ainsi en faveur d'ouvriers, d'employés, de fonctionnaires qui gagnent plus de 10,000 francs une situation qui ne me paraît pas juste au regard des autres citoyens. Que vous ayez pris une semblable mesure pour les petits trai-tements, c'est fort bien, mais que vous alliez jusqu'à dire : « par cela seul qu'un citoyen sera fonctionnaire, on ne pourra saisir sur ce qu'il gagne — gagnât-t-il plus de dix mille francs — qu'une portion de son traitement, alors qu'au contraire, si on a devant soi un commerçant ou un industriel, on pourra saisir le tout », j'avoue que je n'en saisis pas bien la raison.

M. Guernier. — Tout d'abord, ce n'est pas la Commission du Travail ni moi qui avons inventé cette situation, elle existe pour les fonctionnaires ; la loi de l'an XI est assez nette à ce sujet. D'autre part, il y a même des fonctionnaires qui sont déchargés de toute espèce de saisie, et c'est un point de droit assez délicat même, depuis la Séparation, ce sont les ecclésiastiques. Nous n'avons pas innové en ce qui concerne les fonctionnaires. En ce qui concerne les autres, la jurisprudence se réserve toujours le droit, quelque élevé que soit le traitement d'un homme, de fixer une portion dite alimentaire qui soit proportionnée à la condition de la personne elle-même. Nous n'avons pas fait autre chose ici. Nous avons dit : « Quand ce sera au-dessus de 10,000 francs, les juges apprécieront ». Au fond, je consacre la jurisprudence, je ne fais pas autre chose.

M. le Président. — Vous ne dites pas : « Les juges apprécieront », vous dites, si j'ai bien compris : « On ne pourra pas percevoir plus d'un tiers sur la partie supérieure à dix mille francs ».

M. Guernier. — Je me suis mal fait comprendre ; je vais vous relire le texte :

*S'ils dépassent 10,000 francs, l'ordonnance qui autorisera la saisie déterminera provisoirement la portion qu'il conviendra de réserver au débiteur à titre alimentaire, eu égard à sa position et à ses ressources.*

M. LE PRÉSIDENT. — C'est parfait, mon objection tombe d'elle-même.

M. LIÉBAUT. — J'insiste encore sur le point que j'ai soulevé tout à l'heure. Je trouve qu'il est très ennuyeux de payer des frais très élevés, qu'il est excessif de payer, par exemple, 15 francs de frais de saisie-arrêt pour une somme de 100 francs. Je trouve que, depuis que l'on renouvelle la législation, il serait peut-être bon de s'occuper de la question des frais et de fixer un tarif au-dessus duquel on ne pourrait pas s'élever.

M. GUERNIER. — Le tarif existe. Vous verrez, par exemple, que la lettre recommandée est tarifée à 30 centimes...

M. LIÉBAUT. — Ce qui me préoccupe, ce sont les frais d'huissier.

M. GUERNIER. — En ce qui concerne les petits salaires, vous n'aurez plus ces frais, puisque la procédure consistera en lettres recommandées. Il n'y aura tout au plus qu'un seul acte qui sera accompli par l'huissier, dans l'hypothèse où l'ouvrier n'aura pas répondu à la convocation par lettre recommandée.

Nous avons pensé, comme je vous l'ai expliqué, qu'il était nécessaire de maintenir l'huissier pour situer exactement la dette. L'intervention de l'huissier peut même être supprimée si l'ouvrier répond tout de suite à la lettre recommandée, parce que, dans ce cas, il n'y a aucune crainte à avoir : la dette est parfaitement située.

Il est évident que, s'il y a des défauts, les frais augmenteront. Mais, quand il n'y aura pas d'incidents de procédure, les frais seront peu élevés.

M. LE PRÉSIDENT. — Puisque nous avons la bonne fortune d'avoir parmi nous M. Tissier, je crois que je répondrai au sentiment de l'assemblée en lui demandant de bien vouloir nous dire son avis.

M. TISSIER. — J'ai très peu d'observations à présenter à l'exposé de M. Guernier, exposé vraiment remarquable, dont un grand nombre de points me paraissent devoir être approuvés. Voici, cependant, trois points sur lesquels je ferai quelques réserves.

C'est tout d'abord en ce qui concerne la question de saisissabilité. M. Guernier nous a dit qu'il est impossible de faire admettre par le Sénat, dans une mesure quelconque, l'insaisissabilité. Je n'en suis pas très sûr. Il me semble qu'entre l'insaisissabilité totale, du moins s'appliquant à tous les créanciers, et l'insaisissabilité telle que la proposition de M. Bonnevay l'avait établie il y a quelques années, il y a une grande différence. Je ne suis pas très sûr qu'au Sénat on ne réunirait pas une majorité autour de cette règle, autour de la proposition qui a été faite par M. Bonnevay, qui décidait qu'en principe, le salaire, jusqu'à 2,000 francs, est insaisissable et qu'il ne sera saisissable qu'au profit de quelques créanciers intéressants, les fournisseurs d'aliments et les créanciers d'indemnités dues à la suite de délits ou quasi-délits.

Je crois que la proposition transactionnelle de M. Bonnevay est la meilleure solution et, je le répète, je crois qu'au Sénat — où il y a eu tant de partisans de l'insaisissabilité à l'égard de tous les créanciers — on trouverait peut-être une majorité qui accepterait de dire que le salaire ne pourra être saisi que par certains créanciers particulièrement intéressants, et qu'il ne pourra plus l'être pour les dettes de cabaret, pour les dettes de vente à tempérament. C'est la solution que, pour mon compte, je préfère.

Une seconde observation. En ce qui concerne la question de la cessibilité, j'avoue que j'aurais beaucoup de peine à me rallier au principe qui a prévalu devant la Commission du Travail.

M. le député Guernier nous a dit : « Nous ne présentons pas de texte sur la cession ». Mais il faut cependant bien présenter un texte...

M. Guernier. — Entendons-nous, il y aura un texte disant que la cession est supprimée.

M. Tissier. — J'avoue que j'hésiterais beaucoup pour mon compte à admettre cette sorte d'incapacité frappant toute une catégorie de citoyens et portant vraiment, comme on l'a souvent dit, une atteinte trop grave à leur dignité et à leur liberté.

Voilà le second point sur lequel il me paraît difficile d'admettre la solution proposée par M. le député Guernier.

Si, dans la proposition Bonnevay, on établit l'insaisissabilité des salaires pour certains créanciers, on maintient le principe de la cession, sur la base de 1/10. Je crois que cela est satisfaisant pour la dignité de l'ouvrier et de l'employé. C'est une chose grave que d'inscrire dans notre législation une incapacité frappant tous les ouvriers, employés et fonctionnaires gagnant moins de 3,000 francs, en ce qui concerne la cession de leurs salaires et traitements. J'ajoute qu'on ne voit pas bien quel arrangement pourra être fait devant le juge de paix si on enlève à l'ouvrier ou employé le droit de céder à son créancier une fraction quelconque de son salaire. Enfin, il ne faut pas croire que des privilèges ne peuvent résulter de conventions : la plupart des sûretés obtenues par les créanciers sur les biens de leurs débiteurs résultent de conventions.

J'aborde enfin un dernier point, celui-là beaucoup moins important. M. Guernier a fait un peu le procès de la lettre recommandée comparée à l'acte d'huissier. Je ne suis pas tout à fait de son avis. Dans la plupart des pays qui nous entourent, depuis bien longtemps, les exploits sont signifiés par la poste. Or, dans ces pays-là, il est à remarquer que la poste s'acquitte très bien de sa mission. Je crois que, si l'on voulait faire la comparaison, on pourrait soutenir que les exploits arrivent plus facilement signifiés par la poste que signifiés par les huissiers, je ne dis pas seulement à Paris, mais même en province. L'application seule du Code de procédure civile nous montre le danger qu'il y a, lorsqu'on signifie un acte par huissier, à ce qu'il ne parvienne pas. L'huissier, lorsqu'il ne trouve personne au domicile du destinataire, va remettre l'acte à la mairie. La loi a négligé de dire que le maire devra le remettre au destinataire ; le maire le garde et le destinataire ne le voit jamais. En général, la poste procède d'une façon plus vigilante. Je crois que l'expérience démontre que les actes remis par la poste, que les lettres recommandées remises par la poste, arrivent très bien. En Allemagne, en Suisse, les exploits sont remis par la poste, à la satisfaction générale. Il en est de même en France dans les cas où des convocations en justice sont envoyées par lettres recommandées. Pour l'essai de conciliation en justice de paix, plus de douze cent mille lettres non recommandées sont envoyées chaque année et arrivent très bien. Pourquoi n'en serait-il pas de même dans notre hypothèse ?

Je crois donc que la réforme proposée par le Sénat pourrait être admise sans même que l'on ait recours à la citation par huissier. Mais je ne tiens pas particulièrement à ce point, je reconnais que cela n'est pas d'une très grande importance.

Les points les plus importants, au sujet desquels je m'écarterai, pour mon compte, des propositions qui nous sont faites, sont relatifs à la question de saisissabilité et de cessibilité. J'avoue que je préfère la proposition Bonnevay.

M. GUERNIER. — Je voudrais répondre quelques mots à l'honorable M. Tissier.

La proposition de mon collègue et ami M. Bonnevay ne nous a pas échappé et, bien qu'elle soit devenue caduque par la nouvelle législature, nous l'avons quand même discutée.

La proposition Bonnevay énumère un certain nombre de créanciers. Je fais appel à votre expérience. Vous savez mieux que moi la difficulté énorme qu'on éprouve à préciser exactement la condition de certaines personnes. Il est facile, dans une grande ville comme Paris, de dire : « Voilà un café, voici un épicier, voici un marchand de souliers ». En province, il n'en est pas de même, il y a dans beaucoup de petites villes, habitées surtout par des ouvriers, des gens qui tiennent et des souliers, et du beurre, et de la charcuterie, et de l'eau-de-vie. Cela est fréquent surtout dans le Nord, et c'est sur la demande précisément des huissiers du Nord que nous avons repoussé la proposition Bonnevay, qui est excellente au point de vue du principe, que je me serais empressé d'accepter personnellement, mais qui, dans la pratique. a donné lieu à des abus. Ainsi, lorsque la femme vient acheter une petite bouteille d'eau-de-vie, sur le compte on ne porte pas une bouteille d'eau-de-vie, on porte une livre de beurre, par exemple.

Comme il s'agit précisément de créances alimentaires qui sont les plus intéressantes, les plus respectables, nous arrivons à avoir une loi qui irait à l'encontre même du but moral qu'on a poursuivi.

Je vous assure que cette question a été étudiée bien des fois, notamment dans l'enquête qui a été faite par les juges de paix.

Quant à l'incessibilité, je comprends très bien l'argument de la dignité humaine, mais je ne vois pas comment la dignité humaine peut se trouver diminuée du fait de l'incessibilité d'un dixième et comment elle s'accommoderait bien de l'incessibilité de 9 dixièmes. Je crois qu'au fond l'idée des 9 dixièmes et du dixième se confondent très bien.

Je sais bien qu'à cet égard nous sommes, au point de vue des principes, au point de vue philosophique, sur un terrain peut-être un peu délicat. S'il n'y avait que le côté philosophique, je ne bataillerais pas, mais il y a aussi le côté pratique. Nous nous trouvons en présence d'établissements de vente à crédit et nous savons comment ils fonctionnent, nous savons comment, après que l'ouvrier est descendu à la mine, par exemple, les représentants de ces maisons vont trouver les femmes, essayant de leur extorquer des achats, de leur faire signer des papiers. Nous sommes en butte à cette plaie. C'est pourquoi nous avons voulu réagir dans l'intérêt même de l'ouvrier.

Je sais bien que la dignité humaine peut être gênée du fait d'une limitation, mais elle est sage et elle évitera bien des mécomptes.

Quant à ce qui concerne l'envoi par la poste, j'ai passé un peu vite et peut-être n'avez-vous pas saisi toute ma pensée.

Je voudrais vous faire remarquer que je n'introduis pas l'acte de l'huissier à un moment quelconque, je l'introduis lorsque la lettre recommandée a fait faillite, lorsqu'elle n'est pas parvenue, lorsqu'elle n'a pu atteindre la personne que l'on voulait prévenir. Alors, comme il faut bien tout de même que l'on en sorte, c'est à ce moment que j'introduis l'acte d'huissier. Si je l'avais prévu *ab initio*, je comprendrais votre objection, mais celle-ci ne subsiste plus, puisque l'acte d'huissier n'intervient que lorsque la lettre recommandée que vous préconisez n'a pas produit d'effet. D'ailleurs, par la suite, je garde encore la lettre recommandée. Et là, elle n'a plus aucun inconvénient, parce qu'elle est assurée de sa destination qui est contrôlée par l'acte de l'huissier qui a tout de même, dans notre législation française, des avantages.

A l'étranger, la poste peut se livrer à des investigations auxquelles le facteur français ne se livre pas. Il arrive, il présente une lettre recommandée, on lui répond: « Je n'en veux pas », ou « je ne connais pas telle personne », il marque la mention: « absent » ou « inconnu », et tout est fini. L'huissier, au contraire, a le devoir de rechercher la personne à qui est adressé l'exploit ou quelqu'un qui voudra bien recevoir l'acte. Je sais bien qu'à Paris on fait la procédure différemment de la province, mais en province les huissiers se donnent la peine de chercher. C'est pourquoi il est nécessaire, pour bien situer la dette, de faire intervenir l'exploit lorsque la lettre recommandée n'a pas atteint son but.

M. RISLER. — Ne serait-il pas possible de toujours recommander au juge de paix de faire toujours une enquête sur la nature de la dette ? Ce qu'a dit M. Guernier est absolument exact, et, dans ma longue vie d'industriel, j'ai reçu très souvent des oppositions sur le salaire de mes ouvriers ; presque toujours elles étaient faites par des épiciers pour dettes alimentaires. Or, quand j'examinais les choses à fond, je constatais que cette épicerie était généralement de l'alcool.

Ces oppositions arrivaient particulièrement sur le salaire d'ouvriers qui s'étaient améliorés. J'étais féroce, dans mon établissement, au point de vue de la consommation de l'alcool, je ne tolérais pas d'ivrognes. Ceux qui l'étaient cessaient souvent de s'adonner à cette passion funeste. C'était alors, à ce moment-là que l'ouvrier s'était amélioré, qu'arrivait une saisie-arrêt pour de vieilles dettes. J'ai vu de pauvres gens qui étaient devenus très sérieux, qui s'étaient beaucoup assagis et qui, pour une dette de 70 francs, avaient 120 et 130 francs de frais.

Il me semble qu'il serait intéressant que le juge puisse aller au fond des choses et qu'il repousse toute saisie-arrêt basée sur des consommations d'alcool.

Quant à ce qui est de la question des actes transmis par les huissiers, je dois dire qu'en province les huissiers n'agissent pas beaucoup plus sérieusement qu'à Paris. Ainsi en Normandie — j'en parle parce que c'est là qu'était situé mon établissement industriel —, dans les petits hameaux où il y a beaucoup d'ouvriers, l'huissier ne prend pas beaucoup de peine pour trouver celui à qui s'adresse l'acte; il le dépose à la mairie. Le maire ne se dérange pas, l'ouvrier n'est pas prévenu, et voilà de nouveaux frais.

M. LIÉBAUT. — C'est contre cela que je protestais tout à l'heure.

M. JAY. — Je partage le sentiment de M. Liébaut et de M. Risler. Le projet, très ingénieux, je le reconnais, que M. Guernier a si bien défendu ne laisse pas, malgré tout, que de m'inspirer une inquiétude. N'allons-nous pas voir se reproduire, sous l'empire de la loi nouvelle que vous élaborez, ce qui est arrivé après la promulgation de la loi de 1895?

Les auteurs de la loi de 1895 avaient voulu et cru améliorer très sensiblement la situation des ouvriers saisis et débiteurs, en diminuant les complications et les frais de la procédure. Chaque saisie devait dorénavant entraîner des frais moindres. Qu'en est-il résulté? C'est qu'on a en saisi plus souvent. Des créanciers, qui, avant la loi, n'auraient pas saisi dans la crainte de trop lourdes avances, n'hésitèrent plus à le faire lorsque les frais eurent été diminués.

Les saisies se sont multipliées et, comme on a saisi pour des sommes de plus en plus infimes, les frais sont proportionnellement encore considérables, parfois scandaleux.

La loi nouvelle ne va-t-elle pas produire à nouveau le même effet?

M. Guernier. — Je voudrais répondre en quelques mots aux diverses observations qui ont été faites ici.

Tout d'abord, M. Risler voudrait que le juge de paix soit chargé d'examiner à fond la créance. Mais c'est une tout autre procédure, c'est une question tout à fait différente. Le juge qui examine la validité de la saisie-arrêt recherche seulement si les formalités de procédure ont été régulièrement accomplies. Quant au fond du droit, c'est le juge du fond du droit qui en connaît. Ça pourra être très fréquemment, en fait — surtout étant données les nouvelles attributions des juges de paix — cela pourra être le même juge qui soit chargé de ces deux missions, mais cela peut tout aussi bien être deux juges qui aient à examiner ces deux côtés de la question.

En ce qui concerne l'exploit d'huissier, je répète et j'y insiste : je ne crée pas des séries d'exploits d'huissier; il n'y a qu'un cas dans lequel interviendra l'huissier : c'est, lorsqu'après avoir invité mon débiteur à venir, il ne s'est pas présenté. Il faut, cependant, bien sortir de cette situation. Il n'y a même plus besoin d'huissier, lorsque de nouveaux créanciers viennent à se faire connaître : il leur suffit de s'inscrire à la suite, sur le registre. La procédure est bien située, on sait nettement qui est le débiteur et il n'y a plus besoin d'exploits d'huissier. D'ailleurs, l'exploit d'huissier se ramène à très peu de chose puisqu'il n'y aura plus à payer que le salaire de l'huissier, l'enregistrement, le droit de timbre étant supprimés.

M. LIÉBAUT. — Mais c'est précisément ce salaire de l'huissier que nous voudrions voir fixé.

M. GUERNIER. — Je crois qu'il est de 2 francs.

M. LIÉBAUT. — Il est indéfini.

M. GUERNIER. — Non. En ce qui concerne les répartitions, nous avons pris soin de juguler les prétentions des huissiers.

M\u1d50\u1d49 DE MAGUERIE. — A l'heure actuelle, une de nos plus grandes maisons de vente a l'habitude de traiter directement avec le patron, c'est-à-dire que cette maison s'entend avec le patron et l'ouvrier et c'est le patron qui fait la retenue sur le salaire de son ouvrier. Dans ces conditions, cette retenue vient donc s'ajouter à la retenue que légalement on peut faire. Elle lèse les autres créanciers. Est-ce qu'au point de vue légal il y aura une sanction pour empêcher cette façon de procéder ?

M. GUERNIER. — Vous imaginez...

M\u1d50\u1d49 DE MAGUERIE. — Je n'imagine pas, cela existe...

M. GUERNIER. — Je reconnais que cela existe, je dis : « Vous imaginez pour les besoins de la discussion ». Vous énoncez cette hypothèse, qui se réalise dans la réalité, d'après laquelle un ouvrier s'adresse à une maison de vente à crédit et lui dit : « Voulez-vous me vendre tel et tel objet ? » La maison de vente lui dit : « C'est entendu, mais vous allez me céder le dixième de votre salaire ». Et alors, d'accord avec le patron qui se contente de faire une mention sur son registre...

M<sup>me</sup> DE MAGUERIE. — On fait une petite enquête, on vend à l'ouvrier ce qu'il demande; il signe, comme vous l'avez dit, des valeurs, et régulièrement, toutes les semaines, on vient les toucher. Tant que l'ouvrier peut payer, il n'y a aucune relation entre la maison de vente à crédit et le patron; mais, si un jour l'ouvrier ne s'acquitte pas de ce qu'il doit, la maison, au lieu de s'adresser à l'huissier, n'opère pas une saisie-arrêt directe, il se produit simplement une entente entre le patron et le commerçant qui a vendu et il est entendu que le patron fera le prélèvement nécessaire. Or, étant donné que vous voulez demander qu'il n'y ait à l'heure actuelle qu'un dixième du salaire qui puisse être saisi, ce procédé est illégal parce qu'il peut dépasser le dixième. Et ces 10, 15 ou 20 francs par semaine qui sont versés indépendamment des sommes dues aux autres créanciers viendront diminuer d'autant le salaire de l'ouvrier.

M. GUERNIER. — Le fait dont vous parlez s'analyse en ceci : l'ouvrier touche son salaire et réserve tout de suite une portion...

M<sup>me</sup> DE MAGUERIE. — Non, c'est le patron qui verse directement à l'industriel.

M. GUERNIER. — C'est une question de fait. Si l'ouvrier accepte cela, s'il laisse son patron procéder ainsi, c'est son affaire, mais il a le droit d'exiger son salaire entier...

M^me DE MAGUERIE. — Oui, mais il est facile de faire pression sur lui.

M. JAY. — Il faut, dans ce cas, la bonne volonté persistante de l'ouvrier.

M. TISSIER. — La bonne volonté persistante ne suffit même pas. La jurisprudence est extrêmement ferme sur ce point.

M. GUERNIER. — Il est certain qu'on peut tourner la difficulté en répondant qu'on a payé sur la demande de l'ouvrier.

M. TISSIER. — La Cour de cassation exige que le salaire entier, sauf les parties saisies ou cédées, soit mis à la disposition de l'ouvrier.

M^me DE MAGUERIE. — Il y aura peu d'ouvriers qui pourront résister ; il faudrait faire quelque chose pour les soutenir, sans quoi ils n'oseront jamais se soustraire à ce procédé.

M. CAPITANT. — La Commission du Travail de la Chambre des députés propose de maintenir l'exploit d'huissier pour le cas où l'ouvrier saisi ne répondrait pas à la lettre recommandée que lui adresse le greffier. Je crains bien qu'en pratique on ne soit, dans la plupart des cas, obligé d'arriver à l'exploit d'huissier, dont les frais viennent s'ajouter au montant des dettes du saisi. Voici pourquoi : Il me paraît probable que l'ouvrier invité à se rendre à la tentative de conciliation ne se dérangera pas. Qu'irait-il y faire ? Il n'a pas d'argent pour payer ses dettes, et il sait bien que ses promesses ne désarmeront pas le créancier qui s'est décidé à la saisie-arrêt. Je ne crois guère à une conciliation entre un créancier qui veut être payé, qui a épuisé tous les moyens amiables, et un débiteur qui n'a rien à lui donner.

Quelle sera donc l'utilité de l'exploit d'huissier ? Prévenir l'ouvrier qui, peut-être, n'a pas reçu la lettre recommandée? Mais il n'y a guère de chance que l'huissier réussisse là où le facteur a échoué. Si l'ouvrier travaille encore chez son patron, ce dernier n'aura pas manqué de le prévenir de la saisie-arrêt, et c'est bien pour cela que la loi de 1895 n'exige pas que l'exploit de saisie-arrêt signifié au patron soit dénoncé au saisi lui-même. Que si, comme cela se produit quelquefois, il a quitté l'atelier ou en a été renvoyé à la suite de la saisie, on ne saura plus où le prendre.

Je ne crois donc pas à l'efficacité de votre exploit. Je n'en vois que l'inconvénient, qui est d'augmenter la dette du saisi.

Les exploits, nous dites-vous, sont tarifés. Il suffit d'avoir lu quelques enquêtes sur la question de la saisie-arrêt, notamment la grande enquête sur les textiles, faite par la Chambre des députés, il y a sept ou huit ans, pour savoir que les frais qui grèvent la procédure sont presque toujours supérieurs au tarif. Vous ne pourrez pas mettre derrière chaque huissier ou derrière chaque greffier un homme chargé de l'obliger à respecter la loi. Vous me direz que pour le greffier il y a le juge de paix. Il faut croire qu'il ferme souvent les yeux, car les abus sont à peu près aussi nombreux de la part des greffiers que de celle des huissiers. Quoi que vous fassiez, ces abus se prolongeront et vous n'arriverez jamais à faire de la procédure de saisie-arrêt une procédure bon marché, ou alors, si vous y arrivez, vous tomberez dans l'inconvénient que signalait tout à l'heure M. Jay; moins cela coûtera et plus on fera de saisies-arrêts, plus vous perfectionnerez le mécanisme de la saisie-arrêt, plus vous porterez préjudice aux ouvriers. Il est incontestable que la loi de 1895 a été une réforme à rebours.

Il n'y a, à mon avis, que deux solutions : ou l'insaisissabilité totale, ou l'abrogation de la loi de 1895. Mais, puisque ni l'une ni l'autre n'ont chance de réunir une majorité au Parlement, au moins faut-il chercher à se rapprocher le plus qu'on peut de l'insaisissabilité complète, qui est, à mon avis, le but à atteindre. C'est pourquoi, comme mon collègue M. Tissier, je préfère la proposition Bonnevay à celle de la Commission du Travail. Je suis le premier à reconnaître qu'elle serait d'une application difficile et que certains créanciers, comme le débitant d'alcool, arriveraient aisément à dissimuler la nature de leur créance. Il me semble du moins qu'elle serait efficace contre ces maisons de vente à crédit qu'on nous signale comme étant au nombre des créanciers les plus fréquents et les plus âpres, car il serait bien difficile à ces maisons de tromper le juge sur la nature de leurs fournitures.

Reste dans le projet de la Commission un dernier point sur lequel je voudrais dire un mot. C'est la disposition relative au vote de la mainlevée de la saisie par la majorité des créanciers. Cette disposition ne me paraît pas sans danger. Pour la justifier, notre collègue, M. Guernier, invoquait l'exemple du concordat, mais il me semble que les deux situations ne peuvent pas se comparer.

En matière de faillite, nous sommes en face d'un insolvable, les créanciers en sont réduits à un dividende; il s'agit de savoir quelle est la meilleure opération à faire : est-ce de laisser cet homme continuer son commerce, de lui accorder une remise, est-ce, au contraire, de liquider tout de suite ? Si la majorité se prononce en faveur du concordat, elle prend une décision qui semble favorable à tout le monde. Tandis qu'ici, de son autorité privée, la majorité des créanciers va décider du sort des autres et les priver définitivement du bénéfice de la saisie-arrêt pource qui leur reste dû. J'ajoute qu'une fraude, une collusion peut se produire. Le débiteur ira trouver son plus gros créancier et lui dira : « Je vous paierai tant, à condition que vous renonciez à la saisie-arrêt » ; quand il aura fait cela avec la majorité de ses créanciers, il se débarrassera ainsi des autres. Voilà un humanitarisme que je ne comprends pas, car il ne tend à rien moins qu'à dépouiller certains créanciers au bénéfice des autres.

M. GUERNIER. — On a dit que la cherté de la procédure débarrassait le prétoire d'une foule de petits procès, c'est exact, mais il ne faut pas s'en tenir à cette considération. Si nous parvenions à concilier l'idée du bon marché et l'idée de la justice, je crois que nous serions arrivé à un bon résultat. Je n'ai pas la prétention de dire que la Commission du Travail de la Chambre y est parvenue, mais je crois pouvoir affirmer qu'elle l'a tenté de tous ses efforts.

En ce qui concerne la conciliation, la Commission du Travail de la Chambre ne l'a pas introduite, elle était dans le projet du Sénat. Le Sénat a élargi les données de la loi de 1895. La loi distinguait entre l'hypothèse où il y a un titre et celle où il n'y a pas de titre. Quand il n'y avait pas de titre, le juge pouvait surseoir à l'autorisation en provoquant la conciliation. Mais il ne procédait pas ainsi lorsqu'il y avait un titre. Il suffisait dans ce cas de le faire viser. La différence introduite par la proposition actuelle, c'est qu'aujourd'hui, même s'il y a un titre, on devra tenter la conciliation, ce qui n'est pas l'abandon des droits d'un créancier, mais qui est peut-être, sous l'autorité d'un juge paternel, le moyen de trouver un accommodement.

Nous savons, par les travaux préparatoires, que le Sénat tient beaucoup à son texte. Comme, d'autre part, nous trouvons que ce texte a des qualités, nous n'avons pas voulu créer une cause de différend de plus entre le Sénat et la Chambre. Voilà pourquoi nous avons maintenu le texte en ce qui concerne la conciliation.

En ce qui touche aux abus des huissiers et des greffiers, il est bon que nous nous en expliquions. Il y a deux manières de faire des abus : ou bien on inscrit des actes de procédure qui n'ont pas été faits — et alors le juge de paix taxateur peut intervenir et frapper l'officier ministériel qui n'a pas fait son devoir — ou bien en prenant des actes de procédure valablement faits, mais en les multipliant d'une manière arbitraire. C'est précisément contre la multiplication arbitraire de ces actes que nous avons introduit le texte nouveau à la suite du Sénat, texte par lequel on ne peut pas faire de distribution lorsque la somme à distribuer n'est pas au moins égale à 35 % de la créance et lorsqu'elle est inférieure à 100 fr.

D'autre part, cette multiplication arbitraire trouve un deuxième frein dans la taxation du greffier, qui, alors même qu'il y aurait 20 ou 25 créanciers, ne peut toucher que les émoluments pour 4.

Je réponds, d'autre part, à la question que vous avez soulevée en dernier lieu relativement à la mainlevée de la saisie-arrêt. Je me suis bien gardé de dire tout à l'heure — ou, si je l'ai dit, ma langue m'a trahi — que c'était la même chose que le concordat. Je reconnais que ce n'est pas du tout la même chose ; mais cependant, dans le concordat, il y a, comme ici, une majorité qui fait la loi à la minorité. Et si vous redoutez une collusion frauduleuse pour la mainlevée de la saisie, le législateur du Code de commerce a redouté aussi ces mêmes collusions dans l'hypothèse du concordat, et il a prévu des sanctions pénales contre ceux qui présenteraient des créances abusives. Nous avons, dans notre texte, reproduit les sanctions pénales, exactement dans les mêmes conditions que dans le code du concordat.

L'idée qui a inspiré cette mesure est une idée de bienveillance, tandis que l'autre peut être une idée de pure spéculation, quoique, cependant, dans la notion du concordat vous reconnaîtrez qu'il y a eu aussi une idée de bienveillance.

M. Tissier. — Je demande à ajouter un mot à ce qui a été dit il y a un instant par mon collègue M. Capitant.

Il a fait valoir, avec une grande raison, à mon sens, que la proposition Bonnevay, dont j'avais rappelé les excellentes dispositions, écarterait tout au moins les vendeurs à tempérament qui représentent les créanciers les plus redoutables. Ils pourraient se faire céder un dixième, mais non saisir un autre dixième. Mais j'ajouterai qu'il y a bien d'autres créanciers qui seraient écartés par cette proposition, qui, actuellement, peuvent saisir et qui pourront continuer à le faire dans le système proposé par la Chambre des députés. Les créanciers qui ont prêté de l'argent à l'ouvrier ne pourront plus avoir le droit de saisie puisque nous réservons ce droit aux seuls fournisseurs. Bien entendu, il y aura des fissures, il y aura des marchands d'alcool qui arriveront à se faire payer en se déguisant sous le nom d'épiciers. Il n'en est pas moins vrai que d'autres très gros créanciers, tels que les maisons de vente à crédit, n'auront plus le droit de saisie.

J'ajouterai que, sur un autre point, je ne serai pas du même avis que mon collègue M. Capitant : il s'agit de la tentative d'arrangement devant le juge de paix. Je partage ici l'opinion de M. Guernier. M. Capitant a dit que les tentatives d'arrangement devant le juge de paix ne réussissent jamais entre gens qui veulent plaider. Eh bien, sur ce point, les statistiques lui donnent tort ; les tentatives d'arrangement devant le juge de paix réussissent, au contraire, très souvent pour les petits procès. Dans l'hypothèse de la petite saisie-arrêt, j'estime que l'arrangement peut souvent se faire devant le juge de paix.

Un dernier mot au sujet de la cession. Je ferai remarquer que la Chambre et le Sénat ont voté l'un et l'autre, à des dates différentes, une règle qui pourrait, dans une certaine mesure, supprimer quelques-uns des inconvénients de la loi actuelle. Les textes qui ont été votés successivement devant les deux Chambres disent que la cession ne pourra être consentie que par une déclaration souscrite par le cédant en personne devant le greffier de la justice de paix de sa résidence. Il est possible que certaines cessions qui sont consenties, à l'heure actuelle, assez légèrement, le soient plus difficilement par la suite, s'il faut comparaître à la justice de paix et s'il faut que ce soit l'ouvrier lui-même qui comparaisse. Je crois qu'il y aurait là, sans vouloir en exagérer le bienfait, un remède au mal actuel.

M. LE PRÉSIDENT. — Je voudrais vous demander, à la fin de cette très longue, et très intéressante et très serrée discussion, d'ajouter un simple mot sur un point que plusieurs orateurs, notamment M. Capitant et M. Tissier, ont abordé et qui est la proposition Bonnevay.

Je connais très bien la proposition Bonnevay, parce qu'elle s'est présentée devant la Commission du travail lorsque j'avais l'honneur de la présider et que la Commission examinait le projet retour du Sénat. Je dois dire que j'ai eu, à ce moment-là — et que je conserve — les plus grands doutes sur la valeur de la proposition Bonnevay. Voici pourquoi :

A quoi revient-elle dans sa substance? A supprimer le droit de saisie, sauf en ce qui concerne les dettes alimentaires. Je fais à cette proposition plusieurs critiques. La première est celle qu'indiquait tout à l'heure M. Tissier lorsqu'il parlait de la dignité de l'ouvrier. Je ne veux pas exagérer, mais je considère tout de même qu'il est intéressant et important que l'ouvrier ait le moyen d'user comme il veut de ce qu'il gagne.

La proposition Bonnevay, on l'a indiqué tout à l'heure, a pour but et aurait sans doute pour effet d'empêcher une partie des ouvriers, et peut-être pas les moins intéressants, d'user de leur salaire comme ils le jugent bon et comme, dans beaucoup de cas, cela est utile. Ce n'est pas moi qui défendrai les abus des maisons de vente à crédit. Les enquêtes dont on a parlé à plusieurs reprises apportent sur ce point des renseignements tout à fait décisifs. Il n'en est pas moins vrai que ces maisons qui commettent beaucoup d'abus rendent des services incontestables, et il n'est pas douteux que la suppression pure et simple de la vente à tempérament ne serait pas une solution favorable pour la classe ouvrière.

Or, je me trompe fort ou l'amendement Bonnevay ne tend à rien moins qu'à supprimer toutes ces maisons qui permettent aux ouvriers de se meubler petit à petit. Nous allons les supprimer, pourquoi ? Pour atteindre ceux qui vendent à l'ouvrier des produits qu'il vaudrait mieux que l'ouvrier ne puisse pas acheter. C'est très bien, mais, M. le Rapporteur vous le disait tout à l'heure, il est très douteux que vous empêchiez les marchands d'alcool de continuer à faire leur commerce et à se servir, eux, du droit de saisie.

Il y a une solution radicale, on l'a proposée, je ne la

crois pas bonne, c'est la suppression pure et simple du droit de saisie jusqu'à un certain chiffre de traitement. Je ne suis pas partisan de cette solution pour la raison même que j'indiquais tout à l'heure. J'estime qu'il faut permettre à l'ouvrier de se servir de ce qu'il gagne tout en prenant des précautions contre les abus et contre son exploitation. Mais si, sans aller jusqu'à cette extrémité, on prétend interdire purement et simplement à certaines catégories de commerçants d'user du droit de saisie, je crois que l'on va au-devant des plus grandes déceptions parce que, d'une part, l'ouvrier aura lui-même trop d'intérêt à tourner la loi et parce que, d'autre part, le commerçant aura trop de moyens de le faire, parce que, comme on l'indiquait tout à l'heure, dans l'immense majorité de nos petites villes de province, dans nombre de villages où vivent les ouvriers, la distinction entre le débitant d'alcool, « le mastroquet », pour l'appeler par son nom, et l'épicier qui vend les produits nécessaires au ménage, sera extrêmement difficile. Si vous voulez, en effet, faire respecter la distinction, vous retombez dans de nouveaux procès, qui risquent de coûter plus cher que ne coûtent à l'heure actuelle les frais de procédure de la saisie.

Voilà pourquoi je me suis permis, en 1908, quand j'ai eu à examiner l'amendement Bonnevay, de faire sur son utilité toute espèce de réserves. Je vous demande pardon de les avoir renouvelées ici d'une façon trop étendue, mais j'ai cru devoir le faire, car il s'agit d'une question très importante. D'ailleurs, on peut dire que toute la question de la saisie-arrêt est d'une difficulté énorme, parce qu'elle met aux prises des droits et des intérêts qu'il est également utile de protéger et qu'il est extrêmement difficile de concilier parce qu'il y a le plus grand intérêt à permettre à l'ouvrier de se procurer, par le crédit, ce dont il a besoin, et parce qu'il est en même temps très désirable de ne pas permettre que des commerçants sans scrupule l'exploitent par le crédit. Ce sont ces difficultés que la Commission du Travail et son très distingué rapporteur ont essayé de concilier, et je crois, quant à moi, quelles que soient les critiques que l'on puisse adresser — il y en a certainement — au projet qu'on vient de vous exposer, qu'il est peut-être le meilleur de tous ceux qu'on a jusqu'à présent proposés.

<hr>

# TABLE DES MATIÈRES



---

# TABLE MÉTHODIQUE

DES

## Publications de l'Association Nationale Française pour la Protection Légale des Travailleurs

**EN VENTE CHEZ F. ALCAN, éditeur, 108, boulevard Saint-Germain et Marcel RIVIÈRE, 31, rue Jacob**

---

## QUESTIONS GÉNÉRALES

**L'Association Internationale pour la protection légale des travailleurs et sa section française,** par M. André LICHTENBERGER.

**De la sanction par l'autorité publique des accords entre chefs d'entreprises commerciales et industrielles pour l'amélioration des conditions du travail,** par MM. A. ARTAUD, membre du Conseil supérieur du Travail; Maurice DESLANDRES, professeur à la Faculté de droit de l'Université de Dijon; Justin GODART, député, 1912. — Une brochure, 80 p., in-16 (*Septième série* n° 3). — 1 fr.

## PROTECTION LÉGALE DES EMPLOYÉS

**La protection légale de l'employé et la réglementation du travail des magasins,** par M. A ARTAUD, membre du Conseil supérieur du Travail, 1903. — Une brochure, 35 p., in-16 (*Première série*, n° 5). — 0 fr. 60.

**La réglementation légale de la durée du travail des employés,** par M. Edgard DEPITRE, professeur à la Faculté de droit de l'Université de Lille. 1911. — Une brochure, in-16 (*Publications de la section du Nord. Sixième série bis*). — 1 fr. 50.

*Cf.* Questions générales (*Accords entre chefs d'entreprises*).

## INDUSTRIE A DOMICILE

**La réglementation du travail en chambre,** par M. F. FAGNOT, enquêteur à l'Office du Travail, 1901. — Une brochure, 60 p., in-16 (*Première série*, n° 7). — 0 fr. 60

**Le minimum de salaire dans l'industrie à domicile,** par MM. B. RAYNAUD, professeur à la Faculté de droit de l'Université d'Aix-en-Provence; comte A. de MUN, député; abbé MÉNY, 1912. — Un volume, 316 p., in-16 (*Septième série*, n° 1). — 2 fr. 50.

**Le travail à domicile en France,** par MM. Paul PIC et A. AMIEUX, 1906 (*Rapport à l'Assemblée générale de Genève*). — 0 fr. 30.

*Cf.* Auxiliaires de l'Inspection (*Ligue sociale d'acheteurs*).

## RÉGLEMENTATION DU TRAVAIL DANS LES MARCHÉS DE TRAVAUX PUBLICS

**L'application dans la région du Nord et la revision des décrets sur les conditions du travail dans les marchés des administrations publiques,** par MM. BARGERON, inspecteur du travail, et MASSON, président du Syndicat des typographes de Lille, 1908. — Une brochure, 90 p., in-16 (Publications de la section du Nord. *Cinquième série bis*, n° 2). — 1 franc.

## LÉGISLATION DU TRAVAIL AUX COLONIES

**La protection des travailleurs indigènes aux colonies,** par M. RENÉ PINON, 1903. — Une brochure, 30 p., in-16 (*Première série*, n° 8). — 0 fr. 60.

## TRAVAIL DES ENFANTS

**L'âge d'admission des enfants au travail industriel. — Le travail de demi-temps,** par M. Et. MARTIN-SAINT-LÉON, bibliothécaire du Musée social, 1903. — Une brochure. 43 p., in-16 (*Première série*, n° 3). — 0 fr. 60.

**L'emploi des enfants dans les théâtres et cafés-concerts,** par M. RAOUL JAY, professeur à la Faculté de droit de l'Université de Paris, 1901. — Une brochure, 17 p., in-16 (*Première série*, n° 9). — 0 fr. 60.

**La protection légale des enfants occupés hors de l'industrie. — I. La loi anglaise,** par M. EDOUARD DOLLÉANS, 1906. — Une brochure, 68 p., in-16 (*Troisième série*, n° 4). — 0 fr. 60.

**La protection légale des enfants employés hors de l'industrie. — II. La loi allemande,** par M. HENRY MOYSSET, 1906. — Une brochure, 60 p., in-16 (*Troisième série*, n° 5). — 0 fr. 60.

**La protection légale des enfants occupés hors de l'industrie — III. La situation en France,** par MM. G. MÉNY, PAUL GEMAHLING, Mlle BLONDELU, MM. GEORGES PIOT, RAOUL JAY, LÉON VIGNOLS, 1906. — Une brochure, 103 p. in-16 (*Troisième série*, n° 6). — 0 fr. 60.

**Le travail de nuit des adolescents dans l'industrie française,** par M. ET. MARTIN SAINT-LÉON, bibliothécaire du Musée social, 1906. —Une brochure, 55 p., in-16 (*Rapport présenté à l'Assemblée générale de Genève*). — 0 fr. 60.

**Le travail de nuit des enfants dans les usines à feu continu,** par M. F. FAGNOT, enquêteur à l'Office du Travail, 1908. — Une brochure, 56 p., in-16 (*Rapport présenté à l'Assemblée générale de Lucerne*). - 0 fr. 60.

**Le travail industriel des enfants,** par M. GEORGES ALFASSA, 1908. — Une brochure, 37 p., in-16 (*Rapport présenté à l'Assemblée générale de Lucerne*). — 0 fr. 60.

**Le travail de nuit des enfants dans les usines à feu continu,** par M. LÉVÊQUE, inspecteur du travail, 1909. —Une brochure, 48 p., in-16 (Publications de la section du Nord. *Sixième série bis*, n° 2.) — 0 fr. 60.

**Le travail de nuit des enfants dans les usines à feu continu,** par M. l'abbé LEMIRE, député, 1910. — Une brochure, 54 p., in-16 (*Sixième série, n° 4*). — 1 franc.

**La réduction du nombre des enfants employés la nuit dans les verreries,** par M. LÉVÊQUE, inspecteur du travail, 1911. — (Publications de la section du Nord. *Sixième série bis,* n° 2). — 1 fr. 60.


## TRAVAIL DES FEMMES

**La protection légale des femmes avant et après l'accouchement,** par M. le docteur FAUQUET, 1903. — Une brochure, 29 p., in-16 (*Première série,* n° 1). — 0 fr. 60.

**La Conférence officielle de Berne** (*Travail de nuit des femmes*), par M. A. MILLERAND, député, 1905. — Une brochure, 20 p., in-16 (*Troisième série* n° 2). — 0 fr. 60.

**De l'extension de la loi du 29 décembre 1900 aux femmes employées dans l'industrie,** par Mme DE LA RUELLE, inspectrice du travail, 1906. — Une brochure, 36 p., in-16 (*Troisième série,* n° 7). — 0 fr. 60

**La protection de la maternité ouvrière,** par MM. PAUL STRAUSS, sénateur, et LOUIS MARIN, député, 1912. — Une brochure, 100 p., in-16 (*Septième série,* n° 2). — 1 franc.

*Cf.* — INDUSTRIE A DOMICILE.


## DURÉE DU TRAVAIL

**La réglementation hebdomadaire de la durée du travail. — Le repos du samedi,** par MM. IVAN STROHL, industriel, et F. FAGNOT, enquêteur à l'Office du Travail, 1903. — Une brochure, 39 p., in-16 (*Première série,* n° 2). — 0 fr. 60.

**La réglementation de la durée du travail dans les mines,** par M. l'abbé LEMIRE, député, 1904. — Une brochure, 44 p., in-16° (*Première série,* n° 6). — 0 fr. 60.

**La durée légale du travail. — Des modifications à apporter à la loi de 1900,** par MM. FAGNOT, enquêteur à l'Office du Travail; MILLERAND, député, et STROHL, industriel, 1905. — Un volume, 300 p., in-16 (*Deuxième série*). — 2 fr. 50.

**Le contrôle de la durée du travail,** par M. GEORGES ALFASSA, 1905. — Une brochure, 59 p., in-16 (*Troisième série,* n° 3). — 0 fr. 60.

**La limitation de la journée légale de travail en France,** par M. RAOUL JAY, professeur à la Faculté de droit de l'Université de Paris, 1906. — Une brochure, 92 p., in-16 (*Rapport à l'Assemblée générale de Genève.* — 0 fr. 60.

**L'organisation du travail dans les usines à feu continu,** par M. P. BOULIN, inspecteur divisionnaire du travail, 1912. — Une brochure, 48 p., in-16° (*Rapport présenté à l'Assemblée générale de Zurich*). — 1 fr.

**La réglementation du travail dans les usines à marche continue,** par M. F. FAGNOT, enquêteur à l'Office du Travail, 1913 (*Nouvelle série, n° 1*). — 1 fr. 50.

*Cf.* PROTECTION LÉGALE DES EMPLOYÉS.

## TRAVAIL DE NUIT

**Le travail de nuit dans les boulangeries,** par M. JUSTIN GODART, député, 1910. — Une brochure, 47 p., in-16 (*Sixième série, n° 3*). — 0 fr. 60.

*Cf.* — TRAVAIL DES ENFANTS (*Usines à feu continu*). — TRAVAIL DES FEMMES (*Conférence de Berne*).

## HYGIÈNE ET SÉCURITÉ DES TRAVAILLEURS

**L'interdiction de la céruse dans l'industrie de la peinture,** par M. J. L. BRETON, député, 1905. — Une brochure, 50 p., in-16 (*Troisième série, n° 1*). — 0 fr. 60.

**La conférence officielle de Berne** (*emploi du phosphore blanc*), par M. A. MILLERAND, député, 1905. — Une brochure, 20 p., in-16 (*Troisième série, n° 2*). — 0 fr. 60.

**Les poisons industriels,** par M. GEORGES ALFASSA, ingénieur E. C. P. 1906. — Une brochure, 34 p., in-16 (*Rapport à l'Assemblée générale de Genève*). — 0 fr. 60.

**La réforme de la procédure de la mise en demeure, organisée par la loi du 12 juin 1893 - 11 juillet 1903, sur l'hygiène et la sécurité des travailleurs,** par M. E. BRIAT, membre du Conseil supérieur du Travail, 1910. — Un volume, 150 p., in-16 (*Sixième série, n° 2*). — 2 fr. 50.

**Les maladies professionnelles,** par M. J.-L. BRETON, député, 1911. — Une brochure, 104 p., in-16 (*Sixième série, n° 5*). — 1 fr.

*Cf.* TRAVAIL DES FEMMES (*Maternité*).

## ACCIDENTS DU TRAVAIL

**L'Assurance ouvrière et les ouvriers étrangers,** par M. HENRI BARRAULT, 1906. — Une brochure, 10 p., in-16 (*Rapport à l'Assemblée générale de Genève*). — 0 fr. 10.

**La réalisation de l'égalité entre nationaux et étrangers, au point de vue de l'indemnisation des accidents du travail par voie de convention internationale** par M. A. BOISSARD, 1908. — Une brochure, 10 p., in-16 (*Rapport à l'Assemblée générale de Lucerne*). — 0 fr. 10.

**Les accidents du travail dans l'agriculture,** par M. HENRI CAPITANT, professeur à la Faculté de droit de l'Université de Paris, 1909. — Un volume, 112 p., in-16 (*Cinquième série, n° 6*). — 1 fr. 75.

**La prévention des accidents sur les voies ferrées des usines,** par M. LÉVÊQUE, inspecteur du travail, 1909. — Une brochure, 33 p., in-16 (Publication de la section du Nord. *Cinquième série bis, n° 4*). — 0 fr. 60.

## PROTECTION DU SALAIRE

**La loi du 7 mars 1850 et le mesurage du travail à la tâche,** par M. A. BOISSARD, 1908. — Une brochure, 86 p., in-16 (*Cinquième série, n° 2*). — 0 fr. 60.

**La saisie-arrêt des salaires et traitements,** par M. CHARLES GUER-NIER, professeur à la Faculté de droit de Lille, député d'Ille-et-Vilaine, 1913. — Une brochure, 47 p., in-16 (*Nouvelle série, n° 2*). — 1 fr.

*Cf.* — INDUSTRIE A DOMICILE (*Minimum de salaire*).

## CONTRAT DE TRAVAIL

**Le contrat de travail** (*Examen du projet de loi du gouvernement sur le contrat individuel et la convention collective,* par MM. PERREAU, professeur à la Faculté de droit de l'Université de Paris, et F. FAGNOT, enquêteur à l'Office du Travail, 1907. — Un volume, 218 p., in-16 (*Quatrième série*). — 3 fr. 50.

**Le contrat de travail et le Code civil** (*Examen des textes que la Commission du Travail de la Chambre des députés propose d'introduire dans le Code civil*), par MM. PERREAU, professeur à la Faculté de droit de l'Université de Paris, et GROUSSIER, député, 1908. — Un volume, 261 p., in-16 (*Cinquième série, n° 3*). — 3 fr. 50.

## CONFLITS DU TRAVAIL

**La grève et l'organisation ouvrière,** par M. A. MILLERAND, député, 1906. — Une brochure, 18 p., in-16 (*Troisième série, n° 8*). — 0 fr. 60.

**La conciliation dans les conflits collectifs et les travaux de la section du Nord de l'Association,** par M. AFTALION, professeur à la Faculté de droit de l'Université de Lille, 1908. — Une brochure, 168 p., in-16 (*Cinquième série, n° 1*). — 0 fr. 60.

**Le règlement amiable des conflits du travail,** par MM. AFTALION, professeur à la Faculté de droit de l'Université de Lille; ARQUEMBOURG, ingénieur des arts et manufactures, et FAGNOT, enquêteur à l'Office du Travail, 1911. — Un volume 249 p., in-16 (*Sixième série, n° 7*). — 2 fr. 50.

## CHOMAGE

**Les caisses de chômage,** par M. DE LAUWEYRENS DE ROOSENDAELE, 1907. — (Publications de la section du Nord. *Cinquième série bis, n° 1*). — 1 fr.

**La lutte contre le chômage dans le Nord,** par M. DE LAUWEYRENS DE ROOSENDAELE, 1910. — Une brochure, 56 p., in-16. — (Publications de la section du Nord. *Cinquième série bis, n° 5*). — 1 franc.

**Les problèmes du chômage,** par MM. F. FAGNOT, enquêteur à l'Office du Travail; MAX LAZARD, Docteur en droit, et LOUIS VARLEZ, Président de la Bourse du Travail et du Fonds de Chômage de Gand, 1910. — Un volume, 215 p., in-16 (*Sixième série, n° 1*). — 2 fr. 50.

## PLACEMENT

**Le placement et sa réorganisation,** par MM. DODANTHUM et DE LAUWEREYNS DE ROOSENDAELE, 1912. — Une brochure, 79 p., in-16. (Publications de la section du Nord. *Sixième série bis*, n° 3). — **1 fr. 50.**

## CONSEILS DE PRUD'HOMMES

**Les demandes reconventionnelles devant le Conseil des prud'-hommes,** par M. E. BRIAT, membre du Conseil supérieur du Travail, 1911. — Une brochure, 54 p., in-16 (*Sixième série*, n° 6). — **1 franc.**

## INSPECTION DU TRAVAIL

**La réforme de l'inspection du travail en France,** par M. EUGÈNE PETIT, avocat à la Cour d'Appel de Paris, 1909. — Un volume, 298 p., in-16 (*Cinquième série*, n° 4). — **3 fr. 50.**

*Cf.* DURÉE DU TRAVAIL (*Contrôle*); HYGIÈNE ET SÉCURITÉ (*Mise en demeure*).

## AUXILIAIRES DE L'INSPECTION DU TRAVAIL

**La Ligue sociale d'acheteurs,** par M<sup>me</sup> JEAN BRUNHES, 1903. — Une brochure, 36 p., in-16 (*Première série*, n° 4). — **0 fr. 60.**

**Le droit de citation directe pour les associations,** par M. HENRI HAYEM, 1904. — Une brochure, 21 p., in-16 (*Première série*, n° 10). — **0 fr. 60.**

**Collaboration des ouvriers organisés à l'œuvre de l'Inspection du travail,** par M. HENRI LORIN, 1909. — Un volume, 174 p., in-16 (*Cinquième série*, n° 5). — **1 fr. 75.**

# PUBLICATIONS

## DE

## l'Association Internationale pour la Protection Légale des Travailleurs

---

**PUBLIÉ PAR LE BUREAU DE L'ASSOCIATION INTERNATIONALE
POUR LA PROTECTION LÉGALE DES TRAVAILLEURS**

*Président* : Henri SCHERRER, conseiller d'Etat, à Saint-Gall ; *Vice-Président* : Adrien LACHENAL, ancien conseiller fédéral ; *Secrétaire général* : Stéphan BAUER, professeur à l'Université de Bâle.

---

N° 1. — **L'Association internationale pour la Protection légale des Travailleurs.** — Assemblée constitutive tenue à Bâle les 27 et 28 septembre 1901. — Rapports et compte rendu des séances. — 1 vol. 270 p. PRIX : 5 fr.

N° 2. — **Compte rendu de la 2° assemblée générale du Comité de l'Association internationale pour la Protection légale des Travailleurs,** tenue à Cologne les 26 et 27 septembre 1902, suivi de rapports annuels de l'Association internationale et de l'Office international du Travail. 1903. — 1 vol., 82 p. PRIX : 2 fr.

N° 3. — **Compte rendu de la 3° assemblée générale du Comité de l'Association internationale pour la Protection légale des Travailleurs,** tenue à Bâle les 26, 27 et 28 septembre 1904, suivi de rapports annuels de l'Association internationale et de l'Office international du Travail. 1905. — 1 vol., 176 p. PRIX : 4 fr.

N° 4. — **Deux mémoires présentés aux Gouvernements des Etats industriels en vue de la convocation d'une Conférence internationale de protection ouvrière.** — I. Mémoire explicatif sur les bases d'une interdiction internationale du travail de nuit des femmes. — II. Mémoire explicatif sur l'interdiction de l'emploi du phosphore blanc dans l'industrie des allumettes. 1905. — 1 vol., 49 p. Prix : 2 fr. 50.

N° 5. — Compte rendu de la 4ᵉ assemblée générale du Comité de l'Association internationale pour la Protection légale des Travailleurs, tenue à Genève les 26, 27, 28 et 29 septembre 1906, suivi des rapports annuels de l'Association internationale et de l'Office international du Travail. 1907. — 1 vol., 163 p. Prix : 4 fr.

N° 6. — Compte rendu de la 5ᵉ assemblée générale du Comité de l'Association internationale pour la Protection légale des Travailleurs, tenue à Lucerne les 28, 29 et 30 septembre 1908, suivi des rapports annuels de l'Association internationale et de l'Office international du Travail. 1909. — 1 vol., 216 p. Prix : 5 fr.

N° 7. — Compte rendu de la 6ᵉ assemblée générale du Comité de l'Association internationale pour la Protection légale des Travailleurs, tenue à Lugano les 26, 27 et 28 septembre 1910, suivi des rapports annuels de l'Association internationale et de l'Office international du Travail. 1910. — 1 vol., 193 p. Prix : 5 fr.

Les Industries insalubres. — Rapport sur leurs dangers et les moyens de les prévenir, particulièrement dans l'industrie des allumettes et celles qui fabriquent ou emploient des couleurs de plomb. Publié au nom de l'Association internationale et précédé d'une préface par St. Bauer, professeur à l'Université de Bâle, directeur de l'Office international du Travail. 1903. — 1 vol., 460 p. Prix : 7 fr. 50.

Le Travail de nuit des femmes dans l'industrie. — Rapports sur son importance et sa réglementation légale. Publiés au nom de l'Association internationale et précédés d'une préface par St. Bauer, professeur à l'Université de Bâle, directeur de l'Office international du Travail. 1903. — 1 vol., 384 p. Prix : 6 fr.

Rapport comparatif sur l'application des lois ouvrières. — Publié par l'Office international du Travail à Bâle. Tome 1. L'Inspection du Travail en Europe. 1910.

## OUVRAGES NON MIS EN VENTE :

**Association pour la Protection légale des Travailleurs.** Concours international pour la lutte contre le saturnisme.

**Les Fonderies de plomb,** par M. BOULIN, inspecteur divisionnaire du Travail à Lille. Ouvrage couronné.
*(Extrait du Bulletin de l'Inspection du Travail, 1906, nᵒˢ 5 et 6).*

**Le Saturnisme dans la typographie,** par M. DUCROT, ancien élève de l'Ecole polytechnique. Ouvrage couronné.
*(Extrait du Bulletin de l'Inspection du Travail, 1906, nᵒˢ 5 et 6).*

**L'Association internationale pour la Protection légale des Travailleurs et l'Office international du Travail, 1901-1910.** — Origines. — Organisations. — Œuvre réalisée. — Documents. — Rapport présenté au Congrès mondial des associations internationales (Bruxelles, mai 1910), par S. BAUER, secrétaire général de l'Association internationale pour la Protection légale des Travailleurs, directeur de l'Office international du Travail, professeur à l'Université de Bâle. Bruxelles, 1910 (*épuisé*).

Orléans. — Imp. AUGUSTE GOUT & Cⁱᵉ.

# CINQUIÈME SÉRIE

I. *La Conciliation dans les conflits collectifs et les travaux de la section du Nord de l'Association.* — Rap. de M. AFTALION. — Brochure, 0 fr. 60.

II. *La loi du 7 mars 1850 et le Mesurage du travail à la tâche.* — Rapport de M. Ad. BOISSARD. — Brochure, 0 fr. 60.

III. *Le Contrat de travail et le Code civil.* — Rapports de MM. PERREAU et GROUSSIER. — 1 volume, 3 fr. 50.

IV. *La Réforme de l'inspection du travail en France.* — Rapport de M. Eugène PETIT. — 1 volume, 3 fr. 50.

V. *Collaboration des ouvriers organisés à l'œuvre de l'inspection du travail.* — Rapport de M. Henri LORIN. — 1 volume, 1 fr. 75.

VI. *Les Accidents du Travail dans l'Agriculture.* — Rapport de M. Henri CAPITANT. — 1 volume, 1 fr. 75.

# CINQUIÈME SÉRIE bis
## Publications de la Section du Nord

I. *Les Caisses de chômage.* — Rap. de M. DE LAUWEYRENS DE ROOSENDAELE. — Br., 0 fr. 60.

II. *L'application dans le Nord et la Révision des Décrets de 1899 sur les conditions du travail dans les marchés publics.* — Rapports de MM. BARGERON et MASSON. — Brochure, 1 fr.

III. *Le travail de nuit des enfants dans les usines à feu continu.* — Rapport de M. LÉVÊQUE. — Brochure, 0 fr. 60.

IV. *La prévention des accidents sur les voies ferrées des usines.* — Rapport de M. LÉVÊQUE. — Brochure, 0 fr. 60.

V. *La lutte contre le chômage dans le Nord* — Rapport de M. DE LAUWEYRENS DE ROOSENDAELE. — Brochure, 1 fr.

# SIXIÈME SÉRIE

I. *Les Problèmes du Chômage.* — Rapports de MM. F. FAGNOT, Max LAZARD, Louis VARLEZ. — 1 volume, 2 fr. 50.

II. *La Réforme de la Procédure de la Mise en Demeure.* — Rapport de M. E. BRIAT. — 1 volume, 2 fr. 50.

III. *Le Travail de Nuit dans les Boulangeries.* — Rapport de M. Justin GODART. — 1 volume, 1 fr. 25.

IV. *Le Travail de nuit des enfants dans les usines à feu continu.* — Rapport de M. l'abbé LEMIRE. — Brochure, 1 fr.

V. *Les Maladies Professionnelles.* — Rapport de M. L.-J. BRETON. — Brochure, 1 fr.

VI. *Les Demandes reconventionnelles, devant le Conseil des Prud'hommes.* — Rapport de M. E. BRIAT. — Brochure, 1 fr.

VII. *Le Règlement amiable des Conflits du Travail.* — Rapports de MM. AFTALION, ARQUEMBOURG et FAGNOT. — 1 volume, 2 fr. 50.

# SIXIÈME SÉRIE bis
## Publications de la Section du Nord

I et II. *La Réglementation légale de la durée du travail des employés.* — Rapport de M. DEPITRE. — *La réduction du nombre des enfants employés la nuit dans les verreries.* — Rapport de M. LÉVÊQUE. — Brochure, 1 fr. 50.

III. *Le Placement et sa réorganisation.* — Rapports de MM. DODANTHUM et de LAUWERELYNS DE ROOSENDAELE. — Brochure, 1 fr. 50.

# SEPTIÈME SÉRIE

I. *Le Minimum de salaire dans l'industrie à domicile.* — Rapports de MM. B. RAYNAUD, Comte A. DE MUN, Abbé MÉNY. — 1 volume, 2 fr. 50.

II. *La Protection de la Maternité ouvrière.* — Rapports de MM. Louis MARIN et Paul STRAUSS. — Brochure, 1 franc.

III. *De la sanction par l'autorité publique des accords entre chefs d'Entreprises commerciales et industrielles pour l'amélioration des conditions du travail.* — Rapports de MM. ARTAUD, DESLANDRES et Justin GODART. — Brochure, 1 fr.

# NOUVELLE SÉRIE

*Les publications de l'Association paraîtront dorénavant en une série unique et ininterrompue.*

I. *La Réglementation du Travail dans les Usines à marche continue.* — Rapport de M. F. FAGNOT. — Brochure, 1 fr. 50.

II. *La Saisie-Arrêt des salaires et traitements.* — Rapport de M. Ch. GUERNIER. — Brochure, 1 fr.

www.ingramcontent.com/pod-product-compliance
Ingram Content Group UK Ltd.
Pitfield, Milton Keynes, MK11 3LW, UK
UKHW020949120726
13693UKWH00004B/1624